Manfred Nowak
Menschenwürde und Menschenrechte

Wiener Vorlesungen im Rathaus

Band 190
Herausgegeben für die Kulturabteilung der Stadt Wien
von Daniel Löcker

Vortrag im Rahmen der Woche der Würde
am 5. Mai 2018

Manfred Nowak

Menschenwürde und Menschenrechte

Picus Verlag Wien

MIX
Papier aus verantwortungsvollen Quellen
FSC® C012536

Gedruckt nach der Richtlinie des Österreichischen Umweltzeichens „Druckerzeugnisse“, Christian Theiss GmbH, Nr. 869

Grafische Gestaltung: Dorothea Löcker, Wien
Druck und Verarbeitung:
Christian Theiss GmbH, St. Stefan im Lavanttal
ISBN 978-3-7117-3010-7

Informationen zu den Wiener Vorlesungen unter
www.wienervorlesungen.at

Informationen über das aktuelle Programm
des Picus Verlags und Veranstaltungen unter
www.picus.at

Die Wiener Vorlesungen

Vor mehr als dreißig Jahren wurde das einmalige und hochkarätige Wissenschaftsformat der Wiener Vorlesungen ins Leben gerufen, das seither den Kulturkalender der Stadt Wien bereichert und sich mit den großen wissenschaftlichen und intellektuellen Fragen der Zeit auseinandersetzt.

Wien hat als Forschungsstandort und Universitätsstadt eine Spitzenposition im mitteleuropäischen Raum und nimmt die Rolle als Impulsgeberin für aktuelle Diskussionen sehr ernst. Die gesellschaftspolitische Relevanz steht dabei außer Frage, denn Bildung und Wissen sind wesentliche Grundlagen für ein selbstbestimmtes Leben, wobei die Wiener Vorlesungen als Projekt der Aufklärung Initialzündung für einen offenen und öffentlichen Diskurs waren, der nicht nur innerhalb wissenschaftlicher Zirkel geführt wird, sondern ein breites Publikum als Beitrag für eine offene Gesellschaft erreicht. Auch nach drei Jahrzehnten geben die Wiener Vorlesungen Anstöße für Kontroversen und behandeln jene Themen, die für die Stadt und ihre Bewohnerinnen und Bewohner besonders relevant sind.

Das lebendige und innovative Veranstaltungsformat bietet in einer oft unübersichtlichen Lage von Fakten und Informationen ein Navigationssystem, das dabei hilft, Dimensionen abzuschätzen, Fragen zu bewerten und Entscheidungen zu treffen. Die Wiener Vorlesungen sind ein Informationskatalysator für neue Erkenntnisse aus unseren Forschungswerkstätten und Labors und leisten einen wichtigen Beitrag für eine aufgeklärtere Gesellschaft. Sie setzen nun neue inhaltliche Schwerpunkte, wollen noch jüngeres

Publikum gewinnen und begeistern, und verwandeln dabei nicht nur das Wiener Rathaus in eine offene Stadtuniversität, sondern nutzen eine Vielzahl anderer Lokalitäten der Stadt als Orte der Bildung und des aktiven Austauschs.

Die Wiener Vorlesungen laden prominente Denkerinnen und Denker im Sinne einer zeitgemäßen Wissenschaftsvermittlung ein, ihre Erkenntnisse und Einsichten mit der Bevölkerung zu teilen – auch an ungewöhnlichen Orten und in neuartigen Formaten. Sie liefern Modelle für die Welt von morgen und unterstützen uns in der fachkundigen Auseinandersetzung mit den wichtigen Fragen unserer Lebenswelten. Die oft rasche Folge wissenschaftlicher Erkenntnisse und die mitunter damit einhergehenden Problematiken verlangen einen stärkeren öffentlichen Diskurs über die Voraussetzungen und Folgen von Forschung. Als Plattform, die den Wissensaustausch und Dialog mit einem breiten Publikum, Wienerinnen und Wienern außerhalb universitärer Kreise, fördert, haben die Wiener Vorlesungen als Angebot der Wiener Kulturabteilung demokratiepolitisches Gewicht.

So entsteht ein faszinierender Einblick in die Werkstatt der Wissenschaft, der die Vielfalt des Gesellschafts- und Geisteslebens unserer Zeit widerspiegelt und den Blick für die Differenziertheit und Diversität der Gegenwart schärft.

Andreas Mailath-Pokorny
Stadtrat für Kultur, Wissenschaft und Sport
in Wien

Menschenwürde und Menschenrechte

1. Was sind Menschenrechte?[1]

1.1. Menschenrechte in nationalen Verfassungen

Menschenrechte sind ein Produkt der europäischen Aufklärung, die sich in Reaktion auf zwei Weltkriege, die Weltwirtschaftskrise der Zwischenkriegszeit, den Aufstieg des Faschismus und die Barbarei des Holocaust zu einem universellen Wertesystem entwickelt haben. Juristisch betrachtet handelt es sich bei den Menschenrechten um jene grundlegenden subjektiven Rechte, die von nationalen Gesellschaften und der internationalen Gemeinschaft als so wichtig erachtet werden, dass sie in staatlichen Verfassungen (Grundrechte) und in völkerrechtlichen Verträgen (Menschenrechte) verankert wurden.

Auch wenn die den Menschenrechten zugrundeliegenden Werte wie Menschenwürde, Leben, Freiheit, Gleichheit, Eigentum, persönliche Integrität, soziale Sicherheit, Privatheit, Autonomie oder Gesundheit auch in

1 Die folgenden Ausführungen stützen sich u.a. auf Felix Ermacora, Menschenrechte in der sich wandelnden Welt Bd. I, Wien 1974; Manfred Nowak, Politische Grundrechte, Wien/New York 1988; ders., Einführung in das internationale Menschenrechtssystem, Wien/Graz 2002; ders., Menschenrechte – Eine Antwort auf die wachsende ökonomische Ungleichheit, Wien/Hamburg 2015; Lynn Hunt, Inventing Human Rights, New York/London 2008.

anderen Wertesystemen zum Ausdruck kommen, so besteht das Besondere an den Menschenrechten darin, dass sie als subjektive Rechte der Menschen konzipiert wurden, denen korrespondierende Pflichten anderer Menschen, der Gesellschaft, des Staates und der internationalen Gemeinschaft gegenüberstehen. Während Religionen und andere Wertesysteme meist mit Pflichten operieren (Gebote, nicht zu töten oder zu stehlen), steckt in der Idee subjektiver Rechte ein Element des »Empowerment«: Menschen sollen sich nicht damit begnügen, dass andere sie nicht töten oder bestehlen, sondern sie werden dazu ermächtigt, ihre Rechte auf Leben oder Eigentum selbst durchzusetzen und von jenen, die diese Rechte verletzen, Wiedergutmachung zu verlangen. In der Regel sind die Menschenrechte daher mit einem besonderen Durchsetzungsinstrumentarium ausgestattet, das von Individualbeschwerden vor nationalen (Verfassungs-) Gerichten und regionalen Menschenrechtsgerichten wie dem Europäischen Gerichtshof für Menschenrechte über Staatenberichte an internationale Überwachungsorgane bis zu Wirtschaftssanktionen und militärischen Interventionen auf der Grundlage von Resolutionen des Sicherheitsrats der Vereinten Nationen reicht.

1.1.1. Bürgerliche und politische Rechte

Historisch gesehen wurden die Menschenrechte immer als Reaktion auf besonders gravierende Unrechtserfahrungen entwickelt und nicht selten in revolutionären Bewegungen erkämpft. Sie wurden von Philosophen unterschiedlichster Denkrichtungen konzipiert und im Zuge des Konstitutionalismus zuerst in nationalen Verfassungen und später im Völkerrecht kodifiziert. Am Anfang stand die Lehre vom Gesellschaftsvertrag als philosophische Begründung des modernen Verfassungsstaats. Sie wurzelt in der rationalistischen Naturrechtslehre der Aufklärung. John Locke und andere Denker postulierten, dass der Mensch mit natürlichen Rechten (auf Freiheit, Leben und Eigentum im weitesten Sinn) geboren wird, dass diese Rechte aber im Naturzustand ungeschützt sind und dem Recht des Stärkeren zum Opfer fallen. Folglich schließen sich die Menschen zu politischen Gemeinschaften (Staaten) zusammen, deren Legitimität darin besteht, Sicherheit zu gewähren und die natürlichen Rechte der Menschen gegen Verletzungen durch andere Menschen und Staaten zu schützen (innere und äußere Sicherheit). Das bedeutet aber, dass die Menschen ihr ursprüngliches Recht auf Durchsetzung ihrer natürlichen Menschenrechte an den Staat übertragen und diesen im Wege des Gesellschaftsvertrags mit einem Gewaltmonopol ausstatten. Für den deutschen Soziologen Max Weber stellt dieses Gewaltmonopol ein essenzielles Definitionsmerkmal des modernen Staates dar. Mit der Idee der Volkssouveränität (dem »allgemeinen Willen« des Volkes) hat Jean-Jacques Rousseau ein demokratisches Element in die Lehre des Gesellschaftsvertrags eingeführt.

Diese sogenannte »erste Generation« der bürgerlichen (= liberalen) und politischen (= demokratischen) Rechte wurde zuerst in der Französischen und der Amerikanischen Revolution des späten 18. Jahrhunderts und später in den bürgerlichen Revolutionen des 19. Jahrhunderts vom Bürgertum (dem »dritten Stand«) gegen die Macht des Adels (der Monarchie), des Feudalismus und der katholischen Kirche erkämpft. Herausragende Verfassungsdokumente dieser Epoche sind die Amerikanische Unabhängigkeitserklärung 1776, die Grundrechtskataloge der 13 neu gegründeten Staaten an der amerikanischen Ostküste (z. B. die Virginia »Bill of Rights«), die amerikanische Bundesverfassung 1787 mit ihrem Grundrechtskatalog in den ersten zehn Zusatzartikeln 1791, die französische Erklärung der Menschen- und Bürgerrechte 1789, die integraler Bestandteil aller französischen Verfassungen bis in die Gegenwart wurde, die belgische Verfassung 1831, die Frankfurter Paulskirchenverfassung 1848 oder das österreichische Staatsgrundgesetz über die allgemeinen Rechte der Staatsbürger 1867, das bis in die Gegenwart den Kern des österreichischen Grundrechtskatalogs bildet.

Die Amerikanische Unabhängigkeitserklärung vom 4. Juli 1776 trägt deutlich die Handschrift von John Locke und anderen Philosophen der rationalistischen Naturrechtslehre und des Gesellschaftsvertrags:

> Wir halten diese Wahrheiten für ausgemacht, dass alle Menschen gleich erschaffen wurden, dass sie von ihrem Schöpfer mit gewissen unveräußerlichen Rechten begabt wurden, worunter sind Leben, Freiheit und das Bestreben nach Glückseligkeit. Dass zur Versicherung dieser Rechte Regierungen unter den Menschen eingeführt worden sind, welche ihre gerechte Gewalt von der Einwilligung der Regierten herleiten; dass sobald eine Regierungsform diesen

Endzwecken verderblich wird, es das Recht des Volks ist, sie zu verändern oder abzuschaffen und eine neue Regierung einzusetzen, die auf solche Grundsätze gegründet, und deren Macht und Gewalt solchergestalt gebildet wird, als ihnen zur Erhaltung ihrer Sicherheit und Glückseligkeit am schicklichsten zu sein dünket.

In der französischen Erklärung der Menschen- und Bürgerrechte vom 26. August 1789 finden sich neben den natürlichen Rechten auf Freiheit und Eigentum auch die Gleichheit, die Sicherheit, das Widerstandsrecht gegen Unterdrückung und die Volkssouveränität im Sinne der Lehren von Jean-Jacques Rousseau, wie der folgende Auszug anschaulich zeigt:

> Artikel 1 – Die Menschen werden frei und gleich an Rechten geboren und bleiben es. Gesellschaftliche Unterschiede dürfen nur im allgemeinen Nutzen begründet sein.
> Artikel 2 – Der Zweck jeder politischen Vereinigung ist die Erhaltung der natürlichen und unantastbaren Menschenrechte. Diese sind das Recht auf Freiheit, das Recht auf Eigentum, das Recht auf Sicherheit und das Recht auf Widerstand gegen Unterdrückung.
> Artikel 3 – Der Ursprung jeder Souveränität liegt ihrem Wesen nach beim Volke. Keine Körperschaft und kein einzelner kann eine Gewalt ausüben, die nicht ausdrücklich von ihm ausgeht.
> Artikel 4 – Die Freiheit besteht darin, alles tun zu dürfen, was einem anderen nicht schadet: Die Ausübung der natürlichen Rechte eines jeden Menschen

hat also nur die Grenzen, die den anderen Mitgliedern der Gesellschaft den Genuss eben dieser Rechte sichern. Diese Grenzen können nur durch das Gesetz bestimmt werden.

Artikel 5 – Das Gesetz darf nur solche Handlungen verbieten, die der Gesellschaft schaden. Alles, was durch das Gesetz nicht verboten ist, darf nicht verhindert werden, und niemand kann genötigt werden zu tun, was es nicht befiehlt.

Artikel 6 – Das Gesetz ist der Ausdruck des allgemeinen Willens. Alle Bürger haben das Recht, persönlich oder durch ihre Vertreter an seiner Gestaltung mitzuwirken. Es muss für alle gleich sein, mag es beschützen oder bestrafen. Da alle Bürger vor ihm gleich sind, sind sie alle gleichermaßen, ihren Fähigkeiten entsprechend und ohne einen anderen Unterschied als den ihrer Eigenschaften und Begabungen, zu allen öffentlichen Würden, Ämtern und Stellungen zugelassen.

Artikel 12 – Die Gewährleistung der Menschen- und Bürgerrechte erfordert eine öffentliche Gewalt; diese Gewalt ist also zum Vorteil aller eingesetzt und nicht zum besonderen Nutzen derer, denen sie anvertraut ist.

Artikel 16 – Eine Gesellschaft, in der die Gewährleistung der Rechte nicht gesichert und die Gewaltenteilung nicht festgelegt ist, hat keine Verfassung.

Artikel 17 – Da das Eigentum ein unverletzliches und geheiligtes Recht ist, kann es niemandem genommen werden, es sei denn, dass die gesetzlich festgestellte öffentliche Notwendigkeit dies eindeutig erfordert und vorher eine gerechte Entschädigung festgelegt wird.

1.1.2. Wirtschaftliche, soziale und kulturelle Rechte

Allerdings darf nicht vergessen werden, dass in der Praxis der bürgerlichen Gesellschaft des 18. und 19. Jahrhunderts der Begriff des »Menschen« auf das bürgerliche Subjekt des freien, durch Besitz und Bildung selbstbestimmten Menschen (= Mann, homme, man) beschränkt war. Frauen und Kinder waren daher von den Genüssen der Freiheit, Gleichheit und anderer Menschenrechte ebenso ausgeschlossen wie Sklaven, Leibeigene und Lohnarbeiter. Hier setzt auch die fundamentale Kritik von Karl Marx an der französischen Erklärung der Menschen- und Bürgerrechte an, die er in seiner Schrift »Zur Judenfrage« wie folgt auf den Punkt brachte:[2]

> »Die *droits de l'homme,* die Menschenrechte werden als solche unterschieden von den *droits du citoyen,* von den Staatsbürgerrechten. Wer ist der vom *citoyen* unterschiedene *homme?* Niemand anders als das Mitglied der bürgerlichen Gesellschaft. Warum wird das Mitglied der bürgerlichen Gesellschaft »Mensch«, Mensch schlechthin, warum werden seine Rechte Menschenrechte genannt? Woraus erklären wir dies Faktum? Aus dem Verhältnis des politischen Staats zur bürgerlichen Gesellschaft, aus dem Wesen der politischen Emanzipation.
>
> Vor allem konstatieren wir die Tatsache, daß die so-

2 Siehe Karl Marx, Zur Judenfrage, in Marx-Engels Gesamtausgabe, Berlin 1972, Bd. I, 362 ff.

genannten Menschenrechte, die *droits de l'homme* im Unterschied von den *droits du citoyen,* nichts anderes sind als die Rechte des Mitglieds der bürgerlichen Gesellschaft, d. h. des egoistischen Menschen, des vom Menschen und vom Gemeinwesen getrennten Menschen. Die radikalste Konstitution, die Konstitution von 1793, mag sprechen:
Déclaration des droits de l'homme et du citoyen.
Article 2. »Ces droits etc. (les droits naturels et imprescriptibles) sont: *l'égalité, la liberté, la sûreté, la propriété.*«
Worin besteht die liberté?
Article 6. »La liberté est le pouvoir qui appartient à l'homme de faire tout ce qui ne nuit pas aux droits d'autrui«, oder nach der Deklaration der Menschenrechte von 1791: »La liberté consiste à pouvoir faire tout ce qui ne nuit pas à autrui.«

Die Freiheit ist also das Recht, alles zu tun und zu treiben, was keinem andern schadet. Die Grenze, in welcher sich jeder dem andern *unschädlich* bewegen kann, ist durch das Gesetz bestimmt, wie die Grenze zweier Felder durch den Zaunpfahl bestimmt ist. Es handelt sich um die Freiheit des Menschen als isolierter auf sich zurückgezogener Monade.
Aber das Menschenrecht der Freiheit basiert nicht auf der Verbindung des Menschen mit dem Menschen, sondern vielmehr auf der Absonderung des Menschen von dem Menschen. Es ist das *Recht* dieser Absonderung, das Recht des *beschränkten*, auf sich beschränkten Individuums.

Die praktische Nutzanwendung des Menschenrechtes der Freiheit ist das Menschenrecht des *Privateigentums*. Worin besteht das Menschenrecht des Privateigentums?
Article 16. (Constitution de 1793): »Le droit de *propriété* est celui qui appartient à tout citoyen de jouir et de disposer à son gré de ses biens, de ses revenus, du fruit de son travail et de son industrie.«

Das Menschenrecht des Privateigentums ist also das Recht, willkürlich (à son gré), ohne Beziehung auf andre Menschen, unabhängig von der Gesellschaft, sein Vermögen zu genießen und über dasselbe zu disponieren, das Recht des Eigennutzes. Jene individuelle Freiheit, wie diese Nutzanwendung derselben, bilden die Grundlage der bürgerlichen Gesellschaft. Sie läßt jeden Menschen im andern Menschen nicht die Verwirklichung, sondern vielmehr die Schranke seiner Freiheit finden.
Die Sicherheit ist der höchste soziale Begriff der bürgerlichen Gesellschaft, der Begriff der Polizei, daß die ganze Gesellschaft nur da ist, um jedem ihrer Glieder die Erhaltung seiner Person, seiner Rechte und seines Eigentums zu garantieren.
Durch den Begriff der Sicherheit erhebt sich die bürgerliche Gesellschaft nicht über ihren Egoismus. Die Sicherheit ist vielmehr die *Versicherung* ihres Egoismus.

Keines der sogenannten Menschenrechte geht also über den egoistischen Menschen hinaus, über den

> Menschen, wie er Mitglied der bürgerlichen Gesellschaft, nämlich auf sich, auf sein Privatinteresse und seine Privatwillkür zurückgezogenes und vom Gemeinwesen abgesondertes Individuum ist. Weit entfernt, daß der Mensch in ihnen als Gattungswesen aufgefaßt wurde, erscheint vielmehr das Gattungsleben selbst, die Gesellschaft, als ein den Individuen äußerlicher Rahmen, als Beschränkung ihrer ursprünglichen Selbständigkeit. Das einzige Band, das sie zusammenhält, ist die Naturnotwendigkeit, das Bedürfnis und das Privatinteresse, die Konservation ihres Eigentums und ihrer egoistischen Person.

Auf der Grundlage dieser fundamentalen Kritik entwickelten sozialistische Philosophen eine Antithese zum bürgerlichen Menschenrechtskonzept der Aufklärung. Neben der Ablehnung des Menschenrechts auf Privateigentum als Ausdruck der ökonomischen Ausbeutung des Menschen durch den Menschen proklamiert das sozialistische Menschenrechtskonzept den Vorrang der wirtschaftlichen, sozialen und kulturellen Menschenrechte der sogenannten »zweiten Generation« vor den bürgerlichen und politischen Rechten. Während die bürgerlichen und politischen Freiheitsrechte zur Zeit des Kapitalismus im 19. Jahrhundert primär als Abwehrrechte gegen staatliche Eingriffe verstanden wurden, zielten die wirtschaftlichen, sozialen und kulturellen Rechte darauf, reale Gleichheit unter den Menschen durch staatliche Leistungsrechte herzustellen. Im »Anti-Dühring« hat Friedrich Engels die Forderung, die bürgerliche Gleichheit vor dem Gesetz zur realen wirtschaftlichen und sozialen Gleichheit durch das Gesetz weiterzuentwickeln, wie folgt formuliert:[3]

> Und ebenso werden die bürgerlichen Gleichheitsforderungen begleitet von proletarischen Gleichheitsforderungen. Von dem Augenblick an, wo die bürgerliche Forderung der Abschaffung der Klassenvorrechte gestellt wird, tritt neben sie die proletarische Forderung der Abschaffung der Klassen selbst – zuerst in religiöser Form, in Anlehnung an das Urchristentum, später gestützt auf die bürgerlichen Gleichheitstheorien selbst. Die Proletarier nehmen die Bourgeoisie beim Wort: die Gleichheit soll nicht bloß scheinbar, nicht bloß auf dem Gebiet des Staats, sie soll auch wirklich, auch auf dem gesellschaftlichen, ökonomischen Gebiet durchgeführt werden.

Durch die Gewährleistung der wirtschaftlichen Rechte auf Arbeit, gleiche und menschenwürdige Arbeitsbedingungen und Gewerkschaftsfreiheit sollte der Staat verpflichtet werden, allen Menschen eine angemessene Arbeit mit gleichem Lohn für gleiche Arbeit, gesunden Arbeitsbedingungen, beschränkter Arbeitszeit, Ansprüchen auf Freizeit und bezahlten Urlaub sowie Vertretung ihrer ökonomischen Interessen durch Gewerkschaften und Kollektivverträge zu verschaffen. Die sozialen Rechte zielten auf soziale Sicherheit durch Umverteilung und durch ein staatliches Sozial(versicherungs)system, in

3 Friedrich Engels, Herrn Eugen Dühring's Umwälzung der Wissenschaft, 3. Aufl., Stuttgart 1894, 103 f.

dem die individuellen Risiken von Krankheit, Unfällen, Alter oder Arbeitslosigkeit auf die Gemeinschaft verteilt werden sollten und das allen Menschen ein Recht auf einen angemessenen Lebensstandard durch gleichen Zugang zum Gesundheitssystem, zu ausreichender Ernährung und einer menschenwürdigen Unterkunft garantieren sollte. Schließlich sollte der Staat allen Menschen die kulturellen Rechte auf Bildung und gleiche Teilnahme am kulturellen Leben garantieren.

Während die wirtschaftlichen, sozialen und kulturellen Rechte auch allmählich Eingang in die Rechtsordnungen und Verfassungen der bürgerlichen Staaten fanden, wie beispielsweise das durch Otto von Bismarck geschaffene staatliche Sozialversicherungssystem im Deutschen Reich oder die Weimarer Verfassung 1919 zeigt, wurde das sozialistische Menschenrechtskonzept im 20. Jahrhundert vor allem im Wege kommunistischer Revolutionen verwirklicht. Im Zuge der Oktoberrevolution in Russland verabschiedete der Dritte Sowjetkongress im Jänner 1918 eine von Wladimir Iljitsch Lenin formulierte »Deklaration der Rechte des werktätigen und ausgebeuteten Volkes«, in der jedoch keine individuellen Rechte verankert waren, sondern kollektive Rechte der Klasse der Werktätigen, wie die Schaffung einer sozialistisch organisierten Gesellschaft, die Aufhebung der Scheidung der Gesellschaft in Klassen und die Abschaffung jeder Ausbeutung durch Verstaatlichung allen Privateigentums an Produktionsmitteln (Fabriken, Banken, Infrastruktur etc.). Ein Grundrechtskatalog der wirtschaftlichen, sozialen und kulturellen Rechte findet sich erst im 10. Kapitel der sowjetischen (Stalin-)Verfassung 1936 über die »Grundrechte und Grundpflichten der Bürger« (Artikel 118–133). Er enthielt die Rechte auf Arbeit, Erholung, Sozialversicherung, Gesundheit, Bildung, Mutterschutz, Gleichberechtigung der Frau und Gleichberechtigung der Völker. Die Verfassung normierte auch gewisse bürgerliche und politische Rechte, die jedoch in der Regel unter dem Vorbehalt standen, dass sie in Übereinstimmung mit den Interessen der Werktätigen ausgeübt werden sollten.

1.2. Menschenrechte im Völkerrecht

Im Laufe des 19. und des 20. Jahrhunderts fanden die Menschenrechte in je unterschiedlicher Ausgestaltung Eingang in so gut wie alle kodifizierten Verfassungen unabhängiger Staaten. Die wichtigsten Entwicklungen der Grund- und Menschenrechte verlagerten sich allerdings im 20. Jahrhundert vom Verfassungsrecht ins Völkerrecht. Vereinzelt fanden sich schon im 19. und frühen 20. Jahrhundert Ansätze des Menschenrechtsschutzes im Völkerrecht, wie im humanitären Völkerrecht (in bewaffneten Konflikten), in der 1919 gegründeten Internationalen Arbeitsorganisation (wirtschaftliche Rechte), sowie hinsichtlich von Minderheitenrechten (im Rahmen des Völkerbunds) und der Abschaffung der Sklaverei, doch der eigentliche Durchbruch kam erst nach dem Zweiten Weltkrieg. Wie zuvor im Verfassungsrecht ist auch der internationale Menschenrechtsschutz im Rahmen der Vereinten Nationen und regionaler Organisationen eine Reaktion auf extreme Unrechtserfahrungen. Bis zum Zweiten Weltkrieg galt der Schutz der Menschenrechte als eine ausschließlich innerstaatliche Angelegenheit, während sich das Völkerrecht vor allem mit den Beziehungen zwischen den Staaten beschäftigte. Selbst schwerste und systematische Verletzungen der Menschenrechte, wie zum Beispiel der Völkermord an den Armeniern, führten im Hinblick auf das Prinzip der nationalen Souveränität nicht zu einem Eingreifen anderer Staaten.

Das änderte sich jedoch grundsätzlich aufgrund der schrecklichen Erfahrungen im Zusammenhang mit den Gräueltaten des Nationalsozialismus und den Leiden des Zweiten Weltkriegs. Noch während des Krieges einigten sich die Alliierten darauf, dass sie nach der Zerschlagung der Nazi-Herrschaft im Rahmen der Vereinten Nationen eine radikale Neuordnung der internationalen Beziehungen errichten würden. Die 1945 in San Francisco gegründete Weltorganisation, der heute 193 Staaten angehören, beruht im Wesentlichen auf drei Pfeilern: Frieden (Sicherheit), Entwicklung (und internationale Zusammenarbeit) und Menschenrechte. Auf der Grundlage der »Four Freedoms Speech« von Franklin Delano Roosevelt wurden drei miteinander zusammenhängende Hauptziele verfolgt: Freiheit von Angst (»Freedom from Fear« = Freiheit von Gewalt = Friede und Sicherheit), Freiheit von Not (»Freedom from Want« = Freiheit von Armut = Entwicklung und Zusammenarbeit) und Menschenwürde (Dignity = Menschenrechte).

Der Zusammenhang dieser drei Hauptziele wurde von Kofi Annan in seinem wegweisenden Bericht »In Larger Freedom« zur Reform der Vereinten Nationen

2005 wie folgt auf den Punkt gebracht:[4] »Wir werden Entwicklung nicht ohne Sicherheit genießen, wir werden Sicherheit nicht ohne Entwicklung genießen, und wir werden beide nicht ohne die Achtung der Menschenrechte genießen.« Zum ersten Mal in der Geschichte der Menschheit enthält die Satzung der Vereinten Nationen in Artikel 2(4) ein Verbot des Krieges, von dem nur zwei enge Ausnahmen zugelassen werden: das Recht auf individuelle und kollektive Selbstverteidigung in Artikel 51, und das Recht des Sicherheitsrats gemäß Artikel 42 auf kollektive Friedenssicherung durch gemeinsame militärische Maßnahmen im Fall einer Verletzung des Gewaltverbots. Das Ziel der Entwicklung ist darauf gerichtet, Armut durch Maßnahmen der wirtschaftlichen und sozialen Zusammenarbeit zu beseitigen.

Die Verwirklichung der Menschenrechte findet sich als drittes Hauptziel bereits in Artikel 1(3) der Satzung der Vereinten Nationen. Der Begriff der Menschenrechte ist in der Satzung nicht näher definiert. Zu diesem Zweck wurde bereits 1946 eine aus Vertreterinnen und Vertretern der wichtigsten Staaten zusammengesetzte Menschenrechtskommission unter dem Vorsitz der Witwe des US-Präsidenten, Eleanor Roosevelt, eingesetzt. Obwohl die Sowjetunion und ihre Verbündeten

4 Kofi Annan, In Larger Freedom – Towards Development, Security and Human Rights for All, UN Dok A/59/2005 vom 21. März 2005, § 17: »Accordingly, we will not enjoy development without security, we will not enjoy security without development, and we will not enjoy either without respect for human rights. Unless all these causes are advanced, none will succeed.«

ein völlig anderes Verständnis von Menschenrechten hatten als westliche oder lateinamerikanische Staaten oder die damals bereits unabhängigen Staaten Afrikas und Asiens, gelang es der Menschenrechtskommission unter dem Eindruck der Leiden, die durch zwei Weltkriege, eine Weltwirtschaftskrise, Faschismus und Nationalsozialismus verursacht worden waren, eine Synthese zwischen dem westlichen und dem sozialistischen Menschenrechtskonzept herzustellen. Am 10. Dezember 1948 verabschiedete die Generalversammlung der Vereinten Nationen in Paris die »Universelle Erklärung der Menschenrechte«, deren 70. Geburtstag wir heuer feiern und die heute mit Recht als das wichtigste Menschenrechtsdokument der Geschichte gilt. In ihren 30 Artikeln enthält sie alle grundlegenden bürgerlichen, politischen, wirtschaftlichen, sozialen und kulturellen Rechte und in Artikel 28 den wegweisenden »Anspruch auf eine soziale und internationale Ordnung, in der die in dieser Erklärung verkündeten Rechte und Freiheiten voll verwirklicht werden können«. Obwohl sie völkerrechtlich nicht verbindlich ist, stellt sie eine autoritative Auslegung des in der Satzung der Vereinten Nationen verwendeten Begriffs der Menschenrechte dar und hat Eingang in viele Verfassungen der nach dem Zweiten Weltkrieg neu gegründeten Staaten in Afrika und Asien gefunden.

Im Lauf des 20. und frühen 21. Jahrhunderts wurden die in der Universellen Erklärung grundgelegten Menschenrechte in vielen völkerrechtlich verbindlichen Verträgen kodifiziert, die heute von den meisten Staaten der Welt ratifiziert wurden. Im Jahr 1966 wurden die beiden Menschenrechtspakte verabschiedet (Internationaler Pakt über bürgerliche und politische Rechte und Internationaler Pakt über wirtschaftliche, soziale und kulturelle Rechte), die gemeinsam mit der Universellen Erklärung als Internationale Charta der Menschenrechte bezeichnet werden. Zum Schutz gegen Diskriminierung wurde die Rassendiskriminierungskonvention 1965 und die Konvention gegen die Diskriminierung der Frau 1979 angenommen, zum Schutz der Rechte besonderer Gruppen die Konvention über die Kinderrechte 1989, über die Rechte von Wanderarbeitern 1990 und die Konvention über die Rechte von Menschen mit Behinderung 2006, und zum Schutz gegen besonders schwere Menschenrechtsverletzungen die Konvention gegen die Folter 1984 und die Konvention über erzwungenes Verschwindenlassen 2006. Das sind nur die Kernkonventionen der Vereinten Nationen, die über ein ausgefeiltes Durchsetzungssystem mit eigenen Überwachungsorganen verfügen. Daneben gibt es viele andere Menschenrechtsverträge wie die Völkermordkonvention 1948, die Flüchtlingskonvention 1951, die Sklavereikonvention 1956, das Römer Statut über die Einrichtung eines Internationalen Strafgerichtshofs 1998 oder Konventionen im Rahmen der Internationalen Arbeitsorganisation (ILO) oder der UNESCO. Es gibt keinen Staat der Welt, der nicht zumindest einige dieser Verträge ratifiziert und damit als völkerrechtlich bindend akzeptiert hätte. Man kann daher heute von den Menschenrechten als dem einzigen universell anerkannten Wertesystem der Gegenwart sprechen.

Darüber hinaus gibt es viele regionale Menschenrechtskonventionen im Rahmen des Europarats, der Organisation Amerikanischer Staaten, der Afrikanischen Union, der Arabischen Liga, der Europäischen Union und anderer regionaler Organisationen. Die wichtigsten sind die Europäische Menschenrechtskonvention 1950, die Amerikanische Menschenrechtskonvention 1969, die Afrikanische Charta der Rechte der Menschen und Völker 1981, die EU-Grundrechtecharta 2000 und die Arabische Charta der Menschenrechte 2004. Für den nationalen Grundrechtsschutz vieler Staaten sind die völkerrechtlich anerkannten Menschenrechte heute viel wichtiger als die traditionellen Grundrechtskataloge ihrer eigenen Verfassungen. Beispielsweise hat in Österreich die im Verfassungsrang stehende Europäische Menschenrechtskonvention das weiterhin geltende Staatsgrundgesetz aus dem Jahr 1867 in seiner Bedeutung als nationaler Grundrechtskatalog, auch in der Rechtsprechung des österreichischen Verfassungsgerichtshofs, weitgehend verdrängt. Auf der anderen Seite finden sich in der österreichischen Verfassung aus politischen Gründen noch immer keine wirtschaftlichen, sozialen und kulturellen Rechte, obwohl Österreich den gleichnamigen UNO-Pakt und die Europäische Sozialcharta schon vor langer Zeit ratifiziert und sich dadurch zur innerstaatlichen Umsetzung dieser für einen Sozialstaat essenziellen Menschenrechte verpflichtet hat.

2. *Was ist Menschenwürde?*[5]

2.1. Bedeutung und philosophische Begründung

Die Menschenwürde wird gemeiniglich als die wichtigste philosophische und politische Begründung der

5 Vgl. dazu aus der reichhaltigen Literatur z.B. David Kretzmer/Eckart Klein (eds.), The Concept of Human Dignity in Human Rights Discourse, The Hague/London/New York, 2002; Jeff Malpas/Norelle Lickiss (eds.), Perspectives on Human Dignity: A Conversation, Dordrecht 2007; Heiner Bielefeldt, Menschenwürde – Der Grund der Menschenrechte, Deutsches Institut für Menschenrechte, Berlin 2008; Jack Donnelly, Human Dignity and Human Rights, Geneva Academy of International Humanitarian Law and Human Rights, Geneva 2009; Christopher McCrudden, »Human Dignity and Judicial Interpretation of Human Rights«, in 19 European Journal of International Law (2008), 655; Jeremy Waldron, Dignity, Rank, and Rights. The Tanner Lectures on Human Values, delivered at University of California, Berkeley, April 2009, New York 2012; Paulus Kaufmann/Hannes Kuch/Christian Neuhäuser/Elaine Webster (eds.), Humiliation, Degradation, Dehumanization – Human Dignity Violated, 24 Library of Ethics and Applied Philosophy, Dordrecht/Heidelberg/London/New York 2011; Peter Leuprecht, Reason, Justice and Dignity – A Journey to Some Unexplored Sources of Human Rights, Leiden/Boston 2012; Jürgen Habermas, »The Concept of Human Dignity and the Realistic Utopia of Human Rights«, in 41 Metaphilosophy (2010), 464; Charles R. Beitz, »Human Dignity in the Theory of Human Rights: Nothing But a Phrase?«, in 41 Philosophy & Public Affairs (2013), 259; Daniel P. Sulmasy, »The varieties of human dignity: a logical and conceptual analysis«, in Med Health Care and Philos, 2013, 937; Lucie Jacques, Dignity and Human Rights, EMA Master Thesis 2015; Peter Bieri, Eine Art zu leben – Über die Vielfalt menschlicher Würde, München 2013.

universellen Menschenrechte betrachtet. Die Präambel der Universellen Erklärung der Menschenrechte beginnt mit den Worten: »Da die Anerkennung der angeborenen Würde und der gleichen und unveräußerlichen Rechte aller Mitglieder der Gemeinschaft der Menschen die Grundlage von Freiheit, Gerechtigkeit und Frieden in der Welt bildet.« Auch Artikel 1 räumt der Würde einen zentralen Stellenwert ein: »Alle Menschen sind frei und gleich an Würde und Rechten geboren. Sie sind mit Vernunft und Gewissen begabt und sollen einander im Geiste der Brüderlichkeit begegnen.« Das ist ein klares Bekenntnis zu den naturrechtlichen Wurzeln der Menschenrechte, die eng mit der Idee der Menschenwürde verbunden sind.

Gleichzeitig wird die Menschenwürde auch in manchen Verfassungen als eigenes Menschenrecht anerkannt. Besonders bedeutsam ist diesbezüglich Artikel 1 des Grundgesetzes der Bundesrepublik Deutschland aus dem Jahr 1949 in Reaktion auf die Gräuel des Nationalsozialismus:

> (1) Die Würde des Menschen ist unantastbar. Sie zu achten und zu schützen ist Verpflichtung aller staatlichen Gewalt.
> (2) Das Deutsche Volk bekennt sich darum zu unverletzlichen und unveräußerlichen Menschenrechten als Grundlage jeder menschlichen Gemeinschaft, des Friedens und der Gerechtigkeit in der Welt.

Das Wort »darum« in Artikel 1(2) bringt deutlich zum Ausdruck, dass die Menschenwürde nicht nur als eigenes Menschenrecht verankert wurde, sondern auch als Begründung für den Schutz aller anderen Menschenrechte im Grundgesetz gilt.[6] Die Unantastbarkeit der Menschenwürde steht nicht nur als oberstes Prinzip des Nachkriegsdeutschland am Beginn des Grundgesetzes, sie ist gemäß Artikel 79(3) sogar mit einer »Ewigkeitsgarantie« ausgestattet, da Artikel 1 während der Geltung des Grundgesetzes nicht geändert werden darf. Diese Bestimmung ist Ausdruck des Grundsatzes der »streitbaren Demokratie«, zu dem sich die Deutschen nach 1945 bekannt haben, um Ereignisse wie die Machtergreifung Adolf Hitlers 1933 auf legalem Wege in Zukunft zu verhindern und den Anfängen der Aushöhlung der freiheitlich-demokratischen Grundordnung zu wehren.

Weder als philosophische Begründung der Menschenrechte noch als eigenes Menschenrecht ist die Menschenwürde in nationalen Verfassungen oder internationalen Menschenrechtsdokumenten näher definiert. Ob es einen universell anerkannten Bedeutungsgehalt der Menschenwürde gibt, ist in der philosophischen, sozial- und rechtswissenschaftlichen Literatur umstritten. Der Theologe, Philosoph, Historiker und frühere Direktor des Deutschen Instituts für Menschenrechte, Heiner Bielefeldt, zeigte in einer Studie auf, dass »die Achtung der Menschenwürde den Stellenwert einer unhintergehbaren Prämisse aller moralischen und rechtlichen Verbindlichkeiten innehat. Sie bildet daher den vernünftigen Grund

---

6 Vgl. dazu kritisch Bernd Ladwig, »Menschenwürde als Grund der Menschenrechte? Eine Kritik an Kant und über Kant hinaus«, in 1 Zeitschrift für Politische Theorie (2010), 51.

der Rechtsordnung im Ganzen. Insbesondere fundiert sie die Menschenrechte, in denen die Achtung der gleichen Würde jedes Menschen institutionelle Rückendeckung findet. Ohne Rückbezug auf die Menschenwürde ist ein angemessenes Verständnis der Menschenrechte letztlich nicht möglich.«[7] Für den britischen Rechtswissenschaftler Christopher McCrudden besteht der Kerngehalt der Menschenwürde aus drei Elementen: dem ontologischen Element, dass jeder Mensch aufgrund seines Menschseins inhärenten Wert hat; dem relationalen Element, wonach dieser inhärente Wert von anderen Menschen erkannt und geachtet werden soll; und drittens, dass der Staat für das Individuum existiert und nicht das Individuum für den Staat.[8] Nur auf dieser abstrakten Ebene sei über alle ideologischen, philosophischen und politischen Unterschiede zwischen den Staaten und Kulturen hinweg ein universeller Konsens über die Menschenwürde als gemeinsame Begründung für je unterschiedliche Menschenrechte möglich.

Historisch betrachtet bedeutet »Würde« (»dignitas«) den Wert eines Menschen aufgrund seines besonderen Status als »Würdenträger« (»dignitary«).[9] Dieser Status kann angeboren bzw. vererbt sein, wie bei Monarchen

---

7 Bielefeldt, 5.

8 McCrudden, 679 und 723: »A basic minimum content of the meaning of human dignity can be discerned: that each human being possesses an intrinsic worth that should be respected, that some forms of conduct are inconsistent with respect for this intrinsic worth, and that the state exists for the individual and not vice versa.«

9 Vgl. dazu Waldron, 225.

und dem Adel, oder durch eigene Leistungen erworben werden, wie bei Professoren und anderen »akademischen Würdenträgern«, Botschaftern, hohen Politikern, Priestern und sonstigen »religiösen Würdenträgern«. In der Regel gehören Würdenträger einer gehobenen Schicht, also einer Elite an. Sie genießen hohes Ansehen, und ihnen wird mit entsprechendem Respekt begegnet. Das bedeutet, dass Würde eigentlich ein elitärer und keinesfalls egalitärer Begriff ist. Würde ist ein Status, den sich der Mensch durch entsprechende Leistungen erarbeiten muss oder der ihm infolge seiner privilegierten Stellung zukommt. Würde muss man sich verdienen, kann sie aber auch verlieren. Erst in den letzten Jahrhunderten wurde Würde auch allmählich als eine Eigenschaft gesehen, die allen Menschen aufgrund ihres Menschseins gleichermaßen zukommt.[10] Das bedeutet eine grundsätzliche Änderung des Bedeutungsgehalts der Menschenwürde.

Diese doppelte Bedeutung der Würde als Status und als natürliche Eigenschaft aller Menschen findet sich ansatzweise schon bei Cicero. Denn er setzt dem Konzept der gesellschaftlichen Würde auch ein Konzept menschlicher Würde entgegen, das allen Menschen im Gegensatz zu Tieren zukomme. Er begründet das mit der Vernunft, dieser »Vorzüglichkeit, mit der wir die Tiere übertreffen«.[11] Im Mittelalter wurde dieser fundamentale Unterschied zwischen Mensch und Tier damit

10 Vgl. Donnelly, 10; McCrudden, 656 ff.

11 Marcus Tullius Cicero, De officiis, I, 30; vgl. McCrudden, 657; Donnelly, 17.

begründet, dass der Mensch von Gott als sein Ebenbild geschaffen worden wäre.[12] Erst in der Aufklärung wurde die Menschenwürde, und damit die Unterscheidung des Menschen von anderen Lebewesen, mit dessen Vernunft, freiem Willen und Autonomie begründet. Schon im 17. Jahrhundert schrieb Samuel Pufendorf, dass der Mensch von »höchster Würde« sei, »weil er eine Seele hat, die ausgezeichnet ist durch das Licht des Verstandes, durch die Fähigkeit, die Dinge zu beurteilen und sich frei zu entscheiden«.[13]

In diesem Sinn hat ein Jahrhundert später Immanuel Kant mit seiner Unterscheidung von Preis und Würde in der »Grundlegung zur Metaphysik der Sitten« eine allen Menschen gleichermaßen zustehende, auf Vernunft beruhende Definition der Würde vorgenommen: »Im Reiche der Zwecke hat alles entweder einen Preis, oder eine Würde. Was einen Preis hat, an dessen Stelle kann auch etwas anderes, als Äquivalent, gesetzt werden; was dagegen über allen Preis erhaben ist, mithin kein Äquivalent verstattet, das hat eine Würde.«[14] Dieses Verständnis der allen Menschen innewohnenden Würde kommt in der sogenannten Zweckformel des kategori-

---

12 Vgl. Bielefeldt, 12; McCrudden, 658 ff.

13 Samuel Pufendorf, De Iure Naturae Et Gentium. Acht Bücher vom Natur- und Völkerrecht. Nachdruck der Ausgabe Frankfurt a. M. 1711, Hildesheim 1998, Buch 2, Kap. 1, § 5.

14 Immanuel Kant, Grundlegung zur Metaphysik der Sitten, 1785/86, in Immanuel Kant, Werke in sechs Bänden, herausgegeben von Wilhelm Weischedel, Bd. IV, Darmstadt 1956, 11, 68 (BA 78). Vgl. dazu kritisch Waldron, 217 ff.

schen Imperativs wie folgt zum Ausdruck:[15] »Handle so, dass du die Menschheit, sowohl in deiner Person, als in der Person eines jeden anderen, jederzeit zugleich als Zweck, niemals bloß als Mittel brauchest.« Kant geht also davon aus, dass der Mensch ein Zweck an sich sei und deshalb nicht einem ihm fremden Zweck unterworfen werden darf. Das bedeutet, dass die Menschenwürde verletzt wird, wenn ein Mensch einen anderen bloß als Mittel für seine eigenen Zwecke benutzt. Auch die Rechtsbegründung in der »Grundlegung zur Metaphysik der Sitten« setzt mit der Zweckformel ein:[16] »Demnach muss ein jedes vernünftiges Wesen so handeln, als ob es durch seine Maximen jederzeit ein gesetzgebendes Glied im allgemeinen Reich der Zwecke wäre. Das formale Prinzip dieser Maximen ist: handle so, als ob deine Maxime zugleich zum allgemeinen Gesetze (aller vernünftigen Wesen) dienen sollte.« Mit ihr vollzieht Kant den Übergang vom »innerlichen« Geltungsbereich moralischer Motive zum »äußerlichen« Geltungsbereich rechtlich regelbarer Handlungen. Innerlich ist zunächst die Selbstachtung als moralische Person, die Kant als Pflicht versteht. Eine Person mit Selbstachtung tritt allen anderen gegenüber mit dem Anspruch auf, selbst Zweck und nicht bloß Mittel zu sein. Dann aber muss sie konsequenterweise auch bereit sein, jedem anderen, der ein Zweck ist wie sie selbst, das Seinige zu lassen.[17]

15 Ibid., 61 (BA 67). Vgl. zur Zweckformel Ladwig, 54; Waldron, 217 ff.

16 Ibid., 72 (BA 84); vgl. Ladwig, 54.

17 Ladwig, 54.

Sie muss darum einer rechtlichen Ordnung zustimmen, die gewährleistet, dass »die Freiheit des einen mit der Freiheit jedes anderen nach einem allgemeinen Gesetz zusammen bestehen kann«.[18] Dieses »einzige, ursprüngliche, jedem Menschen, kraft seiner Menschheit, zustehende Recht«[19] ist begründet in der Würde der sittlich-autonomen Person, ein Zweck an sich selbst zu sein. Daraus folgt das allgemeine Rechtsgesetz: »Handle äußerlich so, dass der freie Gebrauch Deiner Willkür mit der Freiheit von jedermann nach einem allgemeinen Gesetze zusammen bestehen könne.«[20] Aus diesem universalistischen Verständnis von Kant folgt, dass die Menschenwürde dem Menschen schlicht aufgrund seines Menschseins zukommt. Sie ist nur als gleiche Würde aller Menschen denkbar.[21]

2.2. Menschenwürde in menschenrechtlichen Dokumenten

2.2.1. Menschenwürde im Verfassungsrecht

Obwohl Kant sein Konzept der Menschenwürde in jener Zeit entwickelte, in der die Menschenrechte Eingang in die ersten Verfassungen gefunden hatten, findet sich

18 Immanuel Kant, Metaphysik der Sitten, 1797, in Immanuel Kant, Werke in sechs Bänden, herausgegeben von Wilhelm Weischedel, Bd. IV, Darmstadt 1956, 309, 345 (AB 45).

19 Ibid.

20 Ibid., 338 (A 34,25, B 35).

21 Vgl. Bielefeldt, 14; Donnelly, 22.

in diesen historischen Dokumenten kein Bezug auf die Menschenwürde. Im Gegenteil, Artikel 6 der oben zitierten französischen Erklärung der Menschen- und Bürgerrechte aus dem Jahr 1789 nimmt noch ausdrücklich auf die Würde in ihrer traditionellen Bedeutung als Status Bezug: »Da alle Bürger vor ihm gleich sind, sind sie alle gleichermaßen, ihren Fähigkeiten entsprechend und ohne einen anderen Unterschied als den ihrer Eigenschaften und Begabungen, zu allen öffentlichen Würden, Ämtern und Stellungen zugelassen.« Dennoch wird später bei der Begründung der Menschenrechte auf der allen Menschen innewohnenden Würde regelmäßig auf Kant Bezug genommen.[22] Allerdings lassen sich ähnliche Begründungszusammenhänge auch in anderen Philosophien wie dem Hinduismus, dem Konfuzianismus oder dem Islam nachweisen.[23]

Erst im Laufe des 19. und vor allem des 20. Jahrhunderts mehren sich die Hinweise auf die Menschenwürde in menschenrechtlichen Texten. Beispielsweise wurde die Abschaffung der Sklaverei mit deren Verletzung der Menschenwürde begründet.[24] Auch in den Texten der katholischen Soziallehre seit der Enzyklika »Rerum Novarum« von Papst Leo XIII. aus dem Jahr 1891 wurde regelmäßig auf die Menschenwürde Bezug genom-

22 Vgl. Donnelly, 22.

23 Vgl. Donnelly, 51 ff.; Leuprecht.

24 Vgl. z. B. die Verordnung der Französischen Republik vom 27. April 1848, in der die Sklaverei als »Affront gegen die Menschenwürde« bezeichnet und abgeschafft wurde: siehe McCrudden, 661 und 664.

men.[25] Artikel 151 der Weimarer Reichsverfassung 1919 bestimmte, dass »die Ordnung des Wirtschaftslebens den Grundsätzen der Gerechtigkeit mit dem Ziele der Gewährleistung eines menschenwürdigen Daseins für alle entsprechen müsse. Nur in diesen Grenzen sei die wirtschaftliche Freiheit des einzelnen zu sichern.« In der Präambel zur katholischen Verfassung Irlands aus dem Jahr 1933 bekannte sich das irische Volk dazu, dass »die Würde und Freiheit des Individuums gewährleistet« und eine gerechte soziale Ordnung erreicht werde. In Artikel 20 der kubanischen Verfassung 1940 findet sich eine Bestimmung, wonach jede Diskriminierung aufgrund des Geschlechts, der Rasse, der Hautfarbe, der Klasse sowie jede andere Form der Diskriminierung, welche die Menschenwürde verletzt, rechtswidrig ist und bestraft werden soll.

Nach dem Zweiten Weltkrieg häufen sich die Beispiele von nationalen Verfassungen, in denen Bezug auf die Menschenwürde genommen wird, zuerst in den Verliererstaaten. In Artikel 24(2) der japanischen Verfassung 1946/47 findet sich ein Hinweis, dass Gesetze, in denen die Wahl des Ehepartners, Eigentum und Erbschaft, die Wahl des Wohnsitzes, die Scheidung oder sonstige Angelegenheiten geregelt werden, die sich auf die Ehe und Familie beziehen, unter Berücksichtigung der individuellen Würde und der Gleichheit der Geschlechter erlassen werden sollen. Gemäß Artikel 3 der italienischen Verfassung 1947/48 haben alle Staatsbürger die »gleiche gesellschaftliche Würde« und sind vor dem

25 Ibid., 662.

Gesetz ohne Unterschied des Geschlechts, der Rasse, der Sprache, des Glaubens, der politischen Anschauungen, der persönlichen und sozialen Verhältnisse gleich. »Es ist Aufgabe der Republik, die Hindernisse wirtschaftlicher und sozialer Art zu beseitigen, die durch eine tatsächliche Einschränkung der Freiheit und Gleichheit der Staatsbürger der vollen Entfaltung der menschlichen Persönlichkeit und der wirksamen Teilnahme aller Arbeiter an der politischen, wirtschaftlichen und sozialen Gestaltung des Landes im Wege stehen.« Auch hinsichtlich der Wirtschaftsfreiheit bestimmt Artikel 41, dass sich diese »nicht im Gegensatz zum Nutzen der Gesellschaft oder in einer Weise, die die Sicherheit, Freiheit und menschliche Würde beeinträchtigt, betätigen darf«. Wie oben bereits hervorgehoben, steht die Unantastbarkeit der Würde des Menschen als unabänderlicher Grundsatz am Beginn des Deutschen Grundgesetzes 1949.

In Reaktion auf Unrechtserfahrungen beziehen sich auch viele andere Verfassungen der Nachkriegszeit auf die Menschenwürde. Beispielsweise lautet die Präambel zur indischen Verfassung 1949/50 wie folgt: »Wir, das Volk Indiens, feierlich entschlossen, Indien als souveräne, demokratische Republik zu konstituieren und allen seinen Bürgern soziale, wirtschaftliche und politische Gerechtigkeit, Freiheit des Denkens, der Meinungsäußerung, des Glaubens und der religiösen Verehrung, Gleichheit der rechtlichen Stellung und der Möglichkeiten zu sichern und unter ihnen die Brüderlichkeit zur Wahrung der Würde des Einzelnen und der Einheit der Nation zu fördern, nehmen an, erlassen und geben uns hierdurch in unserer Verfassunggebenden Versammlung am heutigen 26. Tag des Monats November 1949 folgende Verfassung.« Auch in der südafrikanischen Verfassung 1996 spielt die Menschenwürde eine zentrale Rolle. Gemäß Artikel 7 stellt der Grundrechtskatalog einen »Eckstein der Demokratie« in Südafrika dar. Er enthält die Rechte aller Menschen und bekräftigt die »demokratischen Werte der Menschenwürde, Gleichheit und Freiheit«. Diese und viele andere Beispiele der neueren Verfassungsgeschichte zeigen, dass die Menschenwürde vor allem in Reaktion auf konkrete Unrechtserfahrungen bemüht wird, einen Neubeginn zu symbolisieren. Insbesondere wird sie im Zusammenhang mit dem Verbot der Diskriminierung und mit wirtschaftlicher Ausbeutung erwähnt. Zum Teil lassen sich diese Entwicklungen auf sozialdemokratische und christliche Einflüsse zurückführen.[26]

2.2.2. Menschenwürde im Völkerrecht

Auf internationaler Ebene waren die Schrecken zweier Weltkriege und die Barbarei des Holocaust ausschlaggebend dafür, dass Menschenrechte zu einem legitimen Anliegen der internationalen Gemeinschaft und des Völkerrechts wurden. Im Unterschied zur Geschichte der Grundrechte in nationalstaatlichen Verfassungen war die Entwicklung der Menschenrechte im Völkerrecht von Anfang an eng mit einem Bekenntnis zur Menschen-

26 Vgl. McCrudden, 664 f.

würde verbunden. Das zeigt sich bereits in der Präambel der Satzung der Vereinten Nationen vom 26. Juni 1945:

> Wir, die Völker der Vereinten Nationen, entschlossen die kommenden Generationen vor der Geißel des Krieges zu bewahren, die zweimal zu unseren Lebzeiten unsägliches Leid über die Menschheit gebracht hat, und
> den Glauben an grundlegende Menschenrechte, an Würde und Wert der menschlichen Person und an die Gleichberechtigung von Mann und Frau und von großen und kleinen Nationen erneut zu bekräftigen und Bedingungen zu schaffen, unter denen Gerechtigkeit und Achtung der Verpflichtungen, die auf Verträgen oder anderen Quellen des Völkerrechtes beruhen, gewährleistet werden kann und sozialen Fortschritt und bessere Lebensbedingungen bei größerer Freiheit zu fördern.

Es war lange Zeit nicht klar, wie die Menschenwürde Eingang in die UNO-Satzung gefunden hat, da sie sich im ursprünglichen Entwurf der Präambel, die vom südafrikanischen Premierminister Jan Smuts formuliert worden war, noch nicht findet. Nach den Forschungen von Charles Beitz hat die damalige Dekanin des Barnard College, Virginia Gildersleeve, als amerikanische Delegierte den Glauben an Würde und Wert der menschlichen Person in die Präambel eingefügt.[27]

---

27 Beitz, 266 mit Verweis auf Virginia C. Gildersleeve, Many a Good Crusade, New York 1954, 346.

In Ausführung der Satzung wird der Menschenwürde in der Universellen Erklärung der Menschenrechte vom 10. Dezember 1948 eine zentrale Bedeutung beigemessen. Die Präambel beginnt mit den Worten:

> *Da* die Anerkennung der angeborenen Würde und der gleichen und unveräußerlichen Rechte aller Mitglieder der Gemeinschaft der Menschen die Grundlage von Freiheit, Gerechtigkeit und Frieden in der Welt bildet,
> *da* die Nichtanerkennung und Verachtung der Menschenrechte zu Akten der Barbarei geführt haben, die das Gewissen der Menschheit mit Empörung erfüllen, und da verkündet worden ist, dass einer Welt, in der die Menschen Rede- und Glaubensfreiheit und Freiheit von Furcht und Not genießen, das höchste Streben des Menschen gilt,
> *da* es notwendig ist, die Menschenrechte durch die Herrschaft des Rechtes zu schützen, damit der Mensch nicht gezwungen wird, als letztes Mittel zum Aufstand gegen Tyrannei und Unterdrückung zu greifen,
> *da* es notwendig ist, die Entwicklung freundschaftlicher Beziehungen zwischen den Nationen zu fördern,
> *da* die Völker der Vereinten Nationen in der Charta ihren Glauben an die grundlegenden Menschenrechte, an die Würde und den Wert der menschlichen Person und an die Gleichberechtigung von Mann und Frau erneut bekräftigt und beschlossen haben, den sozialen Fortschritt und bessere Lebensbedingungen in größerer Freiheit zu fördern.

Daran schließt sich in Artikel 1 ein naturrechtliches Bekenntnis zu den Menschenrechten und zur Menschenwürde an, das deutlich an Kant erinnert: »Alle Menschen sind frei und gleich an Würde und Rechten geboren. Sie sind mit Vernunft und Gewissen begabt und sollen einander im Geiste der Brüderlichkeit begegnen.« Es waren verschiedene Delegierte in der Menschenrechtskommission der Vereinten Nationen, darunter die Vorsitzende Eleanor Roosevelt, der französische Nobelpreisträger René Cassin und der Libanese Charles Malik, die darauf pochten, dass die Menschenwürde einen zentralen Stellenwert in der Universellen Erklärung bekam.[28]

Darüber hinaus findet sich die Menschenwürde noch im Zusammenhang mit wirtschaftlichen, sozialen und kulturellen Rechten. Gemäß Artikel 22 hat jeder Mensch ein Recht auf soziale Sicherheit und den Genuss der wirtschaftlichen, sozialen und kulturellen Rechte, »die für seine Würde und die freie Entwicklung seiner Persönlichkeit unentbehrlich sind«.[29] Schließlich garantiert Artikel 23(3) jedem Menschen, der arbeitet, »das Recht auf gerechte und befriedigende Entlohnung, die ihm und seiner Familie eine der menschlichen Würde entsprechende Existenz sichert, gegebenenfalls ergänzt durch andere soziale Schutzmaßnahmen.«

---

28 Vgl. z. B. Beitz, 266 ff.

29 Vgl. dazu z. B. Janelle M. Diller, Securing Dignity and Freedom through Human Rights – Article 22 of the Universal Declaration of Human Rights, Leiden/Boston 2012; Manfred Nowak, Menschenrechte – Eine Antwort auf die wachsende ökonomische Ungleichheit, Wien/Hamburg 2015, 98 ff.

In der Satzung der Organisation Amerikanischer Staaten (OAS) aus dem Jahr 1948 findet sich die Menschenwürde ausschließlich im Zusammenhang mit einer gerechten Wirtschafts- und Sozialordnung in Artikel 45. Um eine gerechte Sozialordnung und wirtschaftliche Entwicklung zu schaffen, wird allen Menschen, ohne jede Diskriminierung, ein Recht auf materiellen Wohlstand und spirituelle Entwicklung unter Bedingungen der »Freiheit, Würde, Chancengleichheit und wirtschaftlichen Sicherheit« gewährleistet. Im Anschluss daran wird Arbeit als ein Recht und eine soziale Pflicht definiert, die den arbeitenden Menschen Würde verleiht und unter der Bedingung gerechter Löhne ausgeübt werden soll, die Leben, Gesundheit und einen angemessenen Lebensstandard für die Arbeiter und ihre Familien während des Arbeitslebens, im Alter und bei Arbeitslosigkeit garantiert.

Am 2. Mai 1948, also mehr als ein halbes Jahr vor der Universellen Erklärung, wurde im Rahmen der OAS die Amerikanische Erklärung der Rechte und Pflichten des Menschen angenommen, die wie die Universelle Erklärung mit den Worten beginnt: »Alle Menschen sind frei und gleich an Würde und Rechten geboren und, da sie von der Natur mit Vernunft und Gewissen begabt sind, sollen sie einander als Brüder begegnen.« Darüber hinaus findet sich die Menschenwürde noch im Zusammenhang mit dem Eigentumsrecht in Artikel 23: »Jeder Mensch hat das Recht auf Privateigentum, um die Bedürfnisse eines anständigen Lebens zu befriedigen und die Würde des Individuums und des Heimes zu bewahren.«

Trotz der Tatsache, dass in Europa die brutalsten und grausamsten Verletzungen der Menschenwürde begangen wurden, findet sich weder im Statut des Europarats vom 5. Mai 1949 noch in ihrem menschenrechtlichen Flaggschiff, der Europäischen Menschenrechtskonvention (EMRK) vom 4. November 1950, ein Hinweis auf die Menschenwürde. Erst mit dem 13. Zusatzprotokoll aus dem Jahr 2002, mit dem die Todesstrafe in Europa auch in Friedenszeiten abgeschafft wurde, fand die Menschenwürde erstmals Eingang in dieses wichtige Menschenrechtsinstrument. In der Präambel bringen die demokratischen Staaten Europas ihre Überzeugung zum Ausdruck, »dass in einer demokratischen Gesellschaft das Recht jedes Menschen auf Leben einen Grundwert darstellt und die Abschaffung der Todesstrafe für den Schutz dieses Rechts und für die volle Anerkennung der allen Menschen innewohnenden Würde von wesentlicher Bedeutung ist«.

Das Fehlen eines Hinweises auf die Menschenwürde in den ursprünglichen Dokumenten des Europarats ist insofern bemerkenswert, als die meisten universellen und regionalen Menschenrechtsverträge der Nachkriegszeit deutlichen Bezug auf die Menschenwürde nehmen. Im Folgenden sollen nur die wichtigsten genannt werden. In Artikel 3 der vier Genfer Rotkreuz-Konventionen 1949, welche die wichtigsten Bestimmungen des humanitären Völkerrechts zum Schutz von Menschen in nicht-internationalen bewaffneten Konflikten darstellen, werden neben Mord, Verstümmelung, grausamer Behandlung, der Gefangennahme von Geiseln und extralegalen Hinrichtungen auch andere »Angriffe auf die persönliche Würde« (»outrages upon personal dignity«) wie erniedrigende und entwürdigende Behandlung verboten.[30] Im Zusatzabkommen zur Abschaffung der Sklaverei 1956 wird in der Präambel der »Glaube an die Würde und den Wert der menschlichen Person« bekräftigt.[31] Die beiden Menschenrechtspakte 1966 enthalten in der Präambel einen deutlichen Hinweis, dass »die Anerkennung der allen Mitgliedern der menschlichen Gesellschaft innewohnenden Würde und der Gleichheit und Unveräußerlichkeit ihrer Rechte die Grundlage von Freiheit, Gerechtigkeit und Frieden in der Welt bildet« und »dass sich diese Rechte aus der dem Menschen innewohnenden Würde herleiten«. Darüber hinaus findet sich in Artikel 10 des Internationalen Paktes über bürgerliche und politische Rechte die Bestimmung, dass jeder Mensch, dem seine persönliche Freiheit entzogen ist, »menschlich und mit Achtung vor der dem Menschen innewohnenden Würde« behandelt werden muss. Im Zweiten Fakultativprotokoll zu diesem Pakt aus dem Jahr 1990 wird die Abschaffung der Todesstrafe damit begründet, dass dies zur

30 Der Begriff »outrages upon personal dignity« findet sich auch in anderen Bestimmungen des humanitären Völkerrechts, wie in den Artikeln 75 und 85 des 1. ZP sowie Artikel 4 des 2. ZP zu den Genfer Konventionen 1977. Vgl. dazu Manfred Nowak, »Torture, Cruel, Inhuman or Degrading Treatment or Punishment«, in Andrew Clapham/Paola Gaeta/Marco Sassóli (eds.), The 1949 Geneva Conventions, A Commentary, Oxford 2015, 1090.

31 Es ist interessant, dass die ursprüngliche Sklavereikonvention aus dem Jahr 1926 keinen ausdrücklichen Bezug zur Menschenwürde enthielt.

»Förderung der Menschenwürde und zur fortschreitenden Entwicklung der Menschenrechte« beitragen würde. Im Internationalen Pakt über wirtschaftliche, soziale und kulturelle Rechte bestimmt Artikel 13, »dass die Bildung auf die volle Entfaltung der menschlichen Persönlichkeit und des Bewusstseins ihrer Würde gerichtet sein und die Achtung vor den Menschenrechten und Grundfreiheiten stärken muss«.

Da die Vereinten Nationen in Reaktion auf den Holocaust errichtet wurden, ist es nicht verwunderlich, dass die Internationale Konvention gegen Rassendiskriminierung 1965 in ihrer Präambel daran erinnert, »dass die Charta der Vereinten Nationen auf dem Grundsatz der angeborenen Würde und Gleichheit aller Menschen beruht und dass alle Mitgliedstaaten gelobt haben, gemeinsam und einzeln mit der Organisation zusammenzuwirken, um eines der Ziele der Vereinten Nationen zu erreichen, das darin besteht, die allgemeine Achtung und Beachtung der Menschenrechte und Grundfreiheiten für alle ohne Unterschied der Rasse, des Geschlechts, der Sprache oder der Religion zu fördern und zu festigen«. Sie beruft sich ferner auf die in der Universellen Erklärung der Menschenrechte enthaltene feierliche Feststellung, »dass alle Menschen frei und an Würde und Rechten gleich geboren sind und dass jeder ohne irgendeinen Unterschied, insbesondere der Rasse, der Hautfarbe oder der nationalen Abstammung, Anspruch hat auf alle in der genannten Erklärung aufgeführten Rechte und Freiheiten.«

Ähnliche Hinweise auf die Menschenwürde finden sich auch in anderen universellen Verträgen, wie der

Konvention zur Beseitigung der Diskriminierung der Frau 1979, der Konvention gegen die Folter 1984, der Konvention über die Rechte des Kindes 1989, der Konvention über Wanderarbeiter 1990, der Konvention über erzwungenes Verschwindenlassen 2006 und der Konvention über die Rechte von Menschen mit Behinderung 2006.

In der letztgenannten Konvention wird die Menschenwürde neben der Präambel auch in Artikel 3 als ein allgemeiner Grundsatz erwähnt: »(…) die Achtung der dem Menschen innewohnenden Würde, seiner individuellen Autonomie, einschließlich der Freiheit, eigene Entscheidungen zu treffen, sowie seiner Selbstbestimmung.« Darüber hinaus verpflichten sich die Staaten in Artikel 8, »sofortige, wirksame und geeignete Maßnahmen zu ergreifen, um in der gesamten Gesellschaft, einschließlich auf der Ebene der Familien, das Bewusstsein für Menschen mit Behinderungen zu schärfen und die Achtung ihrer Rechte und ihrer Würde zu fördern«. Gemäß Artikel 16 müssen Genesung und Wiedereingliederung von Menschen mit Behinderung, die Opfer von Gewalt, Ausbeutung oder Missbrauch geworden sind, »in einer Umgebung stattfinden, die der Gesundheit, dem Wohlergehen, der Selbstachtung, der Würde und der Autonomie des Menschen förderlich ist«. Weiter verpflichten sich die Staaten in Artikel 24, ein inklusives Bildungssystem mit dem Ziel zu schaffen, »die menschlichen Möglichkeiten sowie das Bewusstsein der Würde und das Selbstwertgefühl des Menschen voll zur Entfaltung zu bringen«. Schließlich sollen die Staaten gemäß Artikel 25 durch »Schulungen und den Erlass ethischer

Normen für die staatliche und private Gesundheitsversorgung das Bewusstsein für die Menschenrechte, die Würde, die Autonomie und die Erfordernisse von Menschen mit Behinderungen schärfen«.

In der Wiener Erklärung samt Aktionsprogramm, die als Ergebnis der Wiener Weltkonferenz über Menschenrechte 1993 von den Staaten einstimmig verabschiedet wurde, spielt die Menschenwürde eine ganz zentrale Rolle. Neben einem Bekenntnis zur Würde als Begründung der Menschenrechte in der Präambel wird sie auch im Zusammenhang mit verschiedenen Menschenrechten wie dem Folterverbot, dem Verbot von geschlechtsbedingter Gewalt und den Rechten indigener Völker sowie im Zusammenhang mit ethischen Fragen der Biomedizin und mit der Abschaffung der extremen Armut genannt, die in Artikel 25 ausdrücklich als eine »Verletzung der Menschenwürde« qualifiziert wird.[32]

Auch in regionalen Menschenrechtsverträgen wird die Menschenwürde heute regelmäßig betont. Beispielsweise enthält Artikel 5 der Afrikanischen Charta der Rechte der Menschen und Völker 1981 ein eigenes Recht auf Menschenwürde und Anerkennung der Rechtspersönlichkeit jedes Menschen. Daraus wird dann das Verbot jeder Form der Ausbeutung und Er-

32 Zum Text der Wiener Erklärung siehe Manfred Nowak (ed.), World Conference on Human Rights, Wien 1994. Vgl. zur überragenden Bedeutung der Menschenwürde in der Wiener Erklärung auch McCrudden, 670. Zur absoluten Armut als Verletzung der Menschenwürde siehe z.B. Peter Schaber, »Absolute Poverty«, in Kaufmann/Kuch/Neuhäuser/Webster, 151; Manfred Nowak, Report of the Panel on Human Dignity, 16 ff.

niedrigung des Menschen wie insbesondere Sklaverei, Sklavenhandel, Folter, grausame, unmenschliche und erniedrigende Strafe und Behandlung abgeleitet. Diese Bestimmung ist insofern bemerkenswert, als hier das Folter- und Sklaverei-Verbot in einen unmittelbaren Konnex zueinander und mit der Menschenwürde gebracht werden. In Artikel 3 des Maputo-Protokolls aus dem Jahr 2003 über die Rechte der Frauen in Afrika wird ein eigenes Recht afrikanischer Frauen auf Menschenwürde anerkannt, das verschiedenste Formen der Gewalt gegen Frauen, Ausbeutung, Frauenhandel und traditionelle afrikanische Praktiken wie die Genitalverstümmelung verbietet.

Die Amerikanische Menschenrechtskonvention aus dem Jahr 1969 garantiert zwar kein eigenes Recht auf Menschenwürde, doch enthalten die Artikel 5 und 6 über die Rechte auf menschliche Behandlung und das Verbot der Sklaverei Hinweise auf die Menschenwürde. In Übereinstimmung mit der Satzung der OAS wird die Menschenwürde allerdings in prominenterer Weise im Protokoll von San Salvador aus dem Jahr 1988 genannt, mit dem wirtschaftliche, soziale und kulturelle Rechte eingeführt wurden. Neben der Präambel wird vor allem im Zusammenhang mit den Rechten auf Arbeit, gerechte Arbeitsbedingungen und soziale Sicherheit in den Artikeln 6, 7 und 9 das Ziel dieser Rechte betont, ein würdiges und würdevolles Dasein zu garantieren. In der Präambel zur Inter-Amerikanischen Konvention über das erzwungene Verschwinden von Personen wird dieses vor allem in den lateinamerikanischen Militärdiktaturen weit verbreitete Phänomen als »ein besonders schwerwiegender und abscheulicher Angriff auf die dem Menschen innewohnende Würde« bezeichnet. Auch in der Inter-Amerikanischen Konvention über die Verhütung, Bestrafung und Beseitigung von Gewalt gegen Frauen aus dem Jahr 1994 wird Gewalt gegen Frauen als ein »Angriff auf die Menschenwürde und eine Manifestation der historisch ungleichen Machtbeziehungen zwischen Frauen und Männern« bezeichnet.

Die Präambel der von der Liga der Arabischen Staaten 1994 verabschiedeten und im Jahr 2004 überarbeiteten Arabischen Charta der Menschenrechte betont den »Glauben der arabischen Nation an die menschliche Würde, seit Gott die arabische Heimat auszeichnete, indem er sie zur Wiege der Religionen und Kulturen machte, wodurch ihr Recht auf ein würdevolles Leben auf der Grundlage der Freiheit, der Gerechtigkeit und des Friedens bekräftigt wurde.«

In Europa spielt die Menschenwürde neben der Abschaffung der Todesstrafe beim Recht auf Würde am Arbeitsplatz, vor allem gegen sexuelle Übergriffe, in Artikel 26 der Revidierten Europäischen Sozialcharta 1996 eine wichtige Rolle. Darüber hinaus steht sie vor allem im Europäischen Übereinkommen zum Schutz der Menschenrechte und der Menschenwürde im Hinblick auf die Anwendung von Biologie und Medizin sogar im Titel. Diese Konvention ist von den Staaten des Europarats 1997 in der Überzeugung von der Notwendigkeit verabschiedet worden, »menschliche Lebewesen in ihrer Individualität und als Teil der Menschheit zu achten, und in der Erkenntnis, dass es wichtig ist, ihre Würde zu gewährleisten.« Denn der Missbrauch von Biologie und Medizin kann zu Handlungen führen, welche die Menschenwürde gefährden.[33] Konkret geht es um den Vorrang des menschlichen Lebewesens gegenüber dem bloßen Interesse der Gesellschaft und der Wissenschaft, um das Prinzip der informierten Zustimmung zu medizinischen Eingriffen, um das Verbot der Diskriminierung einer Person wegen ihres genetischen Erbes, um das Verbot der Veränderung des Genoms von Nachkommen, das Verbot der Erzeugung menschlicher Embryonen zu Forschungszwecken oder das Verbot, den menschlichen Körper und Teile davon zur Erzielung eines finanziellen Gewinns zu verwenden. Der Biomedizinkonvention sind verschiedene Zusatzprotokolle angefügt worden, in denen das reproduktive Klonen von Menschen verboten wurde sowie konkrete Regeln für die biomedizinische Forschung, für Gentests zu gesundheitlichen Zwecken und für die Transplantation von menschlichen Organen und Geweben entwickelt wurden.

In diesem Zusammenhang ist schließlich die Europäische Grundrechtecharta zu erwähnen, die im Rahmen der Europäischen Union im Jahr 2000 erlassen und durch den Lissabonner Vertrag im Jahr 2009 ins Primärrecht der Europäischen Union aufgenommen wurde. Neben der Bezugnahme in der Präambel ist der Menschenwürde ein eigenes Kapitel am Beginn der Charta gewidmet. Es besteht aus fünf Artikeln, die ein wichtiges Indiz dafür sind, welche Menschenrechte in der EU als in direktem Zusammenhang mit der Menschenwürde stehend be-

33 Siehe diesbezüglich auch die UNESCO-Erklärung über das menschliche Genom 1997.

trachtet werden. Artikel 1 ist dem Artikel 1 im Bonner Grundgesetz nachgebildet: »Die Würde des Menschen ist unantastbar. Sie ist zu achten und zu schützen.« In Artikel 2 folgt das Recht auf Leben und das Verbot der Todesstrafe. Artikel 3 gewährleistet das Recht auf körperliche und geistige Unversehrtheit und enthält wie die Biomedizinkonvention des Europarats das Verbot des reproduktiven Klonens von Menschen, das Verbot, den menschlichen Körper und Teile davon zur Erzielung von Gewinnen zu nutzen, das Verbot eugenischer Praktiken und das Prinzip der informierten Zustimmung zu medizinischen Eingriffen. Artikel 4 garantiert schließlich das Verbot der Folter, unmenschlicher und erniedrigender Strafe und Behandlung, und Artikel 5 das Verbot von Sklaverei, Leibeigenschaft, Zwangs- oder Pflichtarbeit und von Menschenhandel.

3. Die Bedeutung der Menschenwürde für die Menschenrechte

3.1. Menschenwürde als philosophische Begründung der Menschenrechte

Die Zusammenschau der genannten grund- und menschenrechtlichen Texte lässt klar erkennen, dass die Menschenwürde heute in allen Weltregionen als eigentliche philosophische und politische Begründung für die Anerkennung der Menschenrechte angesehen wird. Besonders deutlich wird dieser Begründungszusammenhang in der Präambel der beiden Menschenrechtspakte der Vereinten Nationen ausgesprochen, wonach sich alle bürgerlichen, politischen, wirtschaftlichen, sozialen und kulturellen Rechte »aus der dem Menschen innewohnenden Würde herleiten«. Wir haben Menschenrechte, weil wir eine Würde haben; und wir haben eine Würde, weil wir Menschen sind. Warum das so ist, wird allerdings auf unterschiedliche Art und Weise begründet. Aus religiöser Sicht wird die Würde vor allem mit der Gottesebenbildlichkeit des Menschen begründet, die ihn von anderen Lebewesen unterscheidet. Die Universelle Erklärung der Menschenrechte bezieht sich aber eher auf die Vernunftlehre Kants, wonach wir deswegen gleich an Würde und Rechten geboren sind, weil wir »mit Vernunft und Gewissen begabt sind«, also autonome Wesen sind, die mit freiem Willen ausgestattet sind und selbst Entscheidungen treffen können.

3.2. Menschenwürde als eigenes Menschenrecht

Darüber hinaus ist die Menschenwürde in manchen Rechtsordnungen als eigenes, in der Regel höchstes Menschenrecht anerkannt. Herausragende Beispiele sind Artikel 1 des Bonner Grundgesetzes und Artikel 1 der Europäischen Grundrechtecharta, wonach die Würde des Menschen unantastbar ist. Was das konkret bedeutet, ist in der Judikatur bisher nur ansatzweise geklärt worden, weil auch die meisten Verletzungen der Menschenwürde, die zum Beispiel vom deutschen Bundesverfassungsgericht festgestellt wurden, gleichzeitig Verletzungen anderer Rechte darstellen.[34] Ein oft zitiertes Beispiel ist die bekannte Entscheidung des Bundesverfassungsgerichts zum Luftsicherheitsgesetz aus dem Jahr 2006, wonach ein Gesetz, das die Streitkräfte dazu ermächtigt hatte, ein Passagierflugzeug, das wie im Fall der Terrorangriffe vom 11. September 2001 auf das World Trade Center in New York und das Pentagon als terroristische Waffe verwendet wird, abzuschießen, um einen Terroranschlag mit vielen Toten zu verhindern, im Hinblick auf die Unantastbarkeit der Menschenwürde als verfassungswidrig aufgehoben hatte.[35] Das Gericht begründete diese umstrittene Entscheidung damit, dass die positive Pflicht des Staates, das Leben von Menschen zu retten, gegenüber der Menschenwürde der Passagiere und der Besatzung des Passagierflugzeugs in den Hintergrund treten müsse: »Art. 1 Abs. 1 GG schützt den einzelnen Menschen nicht nur vor Erniedrigung, Brandmarkung, Verfolgung, Ächtung und ähnlichen Handlungen durch Dritte oder durch den Staat selbst (…) Ausgehend von

34 Vgl. McCrudden, 681. Zur Bedeutung von Artikel 1 GG und seiner Ausformung in der Judikatur des deutschen Bundesverfassungsgerichts siehe aus der reichhaltigen Literatur z. B. Günter Dürig, »Der Grundrechtssatz von der Menschenwürde«, in Archiv des Völkerrechts 2 (1956), 117; Horst Dreier, Kommentar zu Artikel 1, Abs. 1, in Horst Dreier (Hg.), Grundgesetz-Kommentar, Tübingen 2004; Matthias Herdegen, Kommentierung zu Artikel 1 Abs. 1 GG, in Theodor Maunz/Günter Dürig, Grundgesetz-Kommentar, München 2005; Thomas Gutmann, »Struktur und Funktion der Menschenwürde als Rechtsbegriff«, Reprints of the Centre for Advanced Study in Bioethics, Münster 2010/7.

35 Urteil des BVerfG vom 15.02.2006, 1 BvR 357/05 (Rn 1–156), BVerfGE 115, 118–166.

der Vorstellung des Grundgesetzgebers, dass es zum Wesen des Menschen gehört, in Freiheit sich selbst zu bestimmen und sich frei zu entfalten, und dass der Einzelne verlangen kann, in der Gemeinschaft grundsätzlich als gleichberechtigtes Glied mit Eigenwert anerkannt zu werden, schließt es die Verpflichtung zur Achtung und zum Schutz der Menschenwürde vielmehr generell aus, den Menschen zum bloßen Objekt des Staates zu machen.«[36] Die gezielte Tötung der Passagiere und der Crew »missachtet die Betroffenen als Subjekte mit Würde und unveräußerlichen Rechten. Sie werden dadurch, dass ihre Tötung als Mittel zur Rettung anderer benutzt wird, verdinglicht und zugleich entrechtlicht; indem über ihr Leben von Staats wegen einseitig verfügt wird, wird den als Opfern selbst schutzbedürftigen Flugzeuginsassen der Wert abgesprochen, der dem Menschen um seiner selbst willen zukommt.«[37] Hier zeigt sich deutlich der Einfluss Kants, denn die Achtung vor der Würde jedes Menschen verbietet es dem Staat, die Tötung von Menschen als Mittel zu einem Zweck zuzulassen, selbst wenn der Zweck darin besteht, das Leben vieler anderer Menschen zu retten.[38]

---

36 Ibid., Rn 121.

37 Ibid., Rn 124.

38 Vgl. Habermas, 465. Siehe aber kritisch z.B. Karl Albrecht Schachtschneider, »Zum Menschenwürdesatz des Grundgesetzes«, 25 Seiten; Studienzentrum Weikersheim, Januar 2018. http://www.kaschachtschneider.de/wp-content/uploads/2017/12/Zum_Menschenwuerdesatz_des_Grundgesetzes.pdf (abgerufen am 12.03.18)

3.3. Menschenrechte, deren Verletzung notwendig auch eine Verletzung der Menschenwürde darstellt

Im Folgenden möchte ich der Frage nachgehen, welche Menschenrechtsverletzungen gleichzeitig eine Verletzung der Menschenwürde darstellen. Auch wenn die Menschenwürde als philosophische Begründung aller Menschenrechte gilt, so bedeutet das nicht notwendig, dass jede Verletzung eines Menschenrechts auch die Menschenwürde verletzt. Das Verbot gegenüber einer Journalistin, einen bestimmten Beitrag in einem Medium zu veröffentlichen, mag bei konkreter Abwägung aller Umstände als Verletzung der Meinungsfreiheit qualifiziert werden, doch verletzt es die Journalistin nicht in ihrer Menschenwürde. Auf der anderen Seite wird die Versklavung eines Menschen generell auch als Verletzung seiner Menschenwürde qualifiziert werden. Worin liegt also der Unterschied zwischen diesen beiden Fällen? Gibt es Menschenrechte, die einen besonderen Konnex zur Menschenwürde aufweisen? Wenn dieser Nachweis gelingt, dann kann daraus auch eine Aussage über den Inhalt des Konzepts der Menschenwürde abgeleitet werden. Im Folgenden wird diese Frage durch eine systematische Analyse jener Rechtstexte zu beantworten versucht, in denen die Menschenwürde, wie oben gezeigt, am häufigsten zitiert wird.[39]

39 Einen ähnlichen (negativen) Ansatz, die Menschenwürde über Beispiele ihrer Verletzung näher zu definieren, verfolgen auch Kaufmann/Kuch/Neuhäuser/Webster, 3, unter Berufung auf

3.3.1. Entmenschlichung durch Ausbeutung und Erniedrigung

Es gibt nur wenige Bestimmungen in internationalen Menschenrechtsdokumenten, in denen ein eigenes Recht auf Menschenwürde verankert und in seiner Bedeutung durch konkrete Beispiele näher definiert wird. Wichtigstes Beispiel ist Artikel 5 der Afrikanischen Charta der Rechte der Menschen und Völker 1981. Hier wird die Menschenwürde in einen direkten Zusammenhang mit der Ausbeutung und Erniedrigung des Menschen gesetzt, und als Beispiele werden Sklaverei, Sklavenhandel, Fol-

---

Avishai Margalit, The Decent Society, Cambridge 1996. Als Rapporteur des von der Schweizerischen Bundesregierung im Jahr 2008 eingesetzten »Panel of Eminent Persons« zur Ausarbeitung einer Agenda for Human Rights habe ich einen ähnlichen Ansatz verfolgt: Siehe Manfred Nowak, »Report of the Panel on Human Dignity«, in Schweizerische Eidgenossenschaft/Geneva Academy of international humanitarian law and human rights (eds.), Protecting Dignity – An Agenda for Human Rights, Geneva 2011, 11 at 14 f.: »It follows from a combined reading of various international and regional human rights instruments that, although human dignity serves as a moral and philosophical justification for all human rights, only certain human rights are directly linked to the concept of human dignity. Typical examples of threats to human dignity are poverty and starvation, genocide and ethnic cleansing, slavery, trafficking in human beings, torture, enforced disappearance and other forms of arbitrary detention, racism and similar forms of discrimination, colonialism and foreign occupation and domination. Powerlessness, humiliation and dehumanization are the essential dimensions of such attacks on human dignity. The present Agenda primarily aims at addressing human rights issues directly linked to human dignity.«

ter, grausame, unmenschliche oder erniedrigende Strafe und Behandlung erwähnt. Der Bezug zu Sklaverei und Sklavenhandel ist im afrikanischen Kontext nicht überraschend, und die Verbindung von Sklaverei und Folter ist besonders aufschlussreich. Denn beim Sklaverei- und Folterverbot handelt es sich um die beiden wichtigsten absoluten und gleichzeitig notstandsfesten Menschenrechte. Während die Sklaverei dem Menschen quasi ex lege die Eigenschaft als Mensch entzieht und ihn zur Sache degradiert, zielt die Folter darauf ab, das Opfer durch die gezielte und zweckgerichtete Zufügung schwerer Schmerzen und Qualen zu entmenschlichen. Im Sinn der Kant'schen Zweckformel bedeutet das, dass ein Mensch einen anderen bloß als Mittel für seine eigenen Zwecke benutzt: im Fall der Sklaverei und des Sklavenhandels, um ihn zu verkaufen und seine Arbeitskraft auszubeuten; im Fall der Folter, um ihn als Mittel zur Erpressung eines Geständnisses oder sonstiger Informationen zu missbrauchen.

Im UNO-Zusatzabkommen 1956 über die Abschaffung der Sklaverei, des Sklavenhandels und Sklaverei-ähnlicher Einrichtungen und Praktiken wurden das angeborene Recht jedes Menschen auf Freiheit sowie der Glaube an die Würde und den Wert der menschlichen Person ausdrücklich bekräftigt. Als Sklaverei-ähnliche Praktiken wurden in Artikel 1 die Schuldknechtschaft, die Leibeigenschaft, die Zwangsverheiratung einer Frau und ihre Vererbung an eine andere Person nach dem Tod des Ehemannes sowie alle Praktiken verstanden, »durch die ein Kind oder ein Jugendlicher unter achtzehn Jahren von seinen Eltern oder einem Elternteil oder seinem Vormund entgeltlich oder unentgeltlich einer anderen Person übergeben werden, in der Absicht, das Kind oder den Jugendlichen oder seine Arbeitskraft auszunutzen«. Eng damit verbunden ist die ILO-Konvention 1982 über das Verbot der schlimmsten Formen der Kinderarbeit 1999. Gemäß Artikel 3 umfasst der Ausdruck »die schlimmsten Formen der Kinderarbeit« die Sklaverei und Sklaverei-ähnliche Praktiken, wie den Verkauf von Kindern, Kinderhandel, Schuldknechtschaft, Leibeigenschaft, Zwangs- und Pflichtarbeit einschließlich der Zwangsrekrutierung von Kindersoldaten, Kinderprostitution und Kinderpornografie, die Ausbeutung von Kindern zum Drogenhandel sowie »Arbeit, die ihrer Natur nach oder auf Grund der Umstände, unter denen sie verrichtet wird, voraussichtlich für die Gesundheit, die Sicherheit oder die Sittlichkeit von Kindern schädlich ist«. Ein typisches Beispiel dafür ist die Arbeit von Kindern in Bergwerken.

Eng mit der Folter verwandt sind andere Formen der Misshandlung wie grausame, unmenschliche und erniedrigende Behandlung und Bestrafung. Grausame und unmenschliche Strafen sind insbesondere die Körper- und Todesstrafe.[40] In Artikel 3 der vier Genfer Konventionen

40 Obwohl die Todesstrafe noch immer in den USA, China, Japan, in islamischen und manchen anderen Staaten erlaubt ist, wird sie in der überwiegenden Mehrheit aller Staaten heute ebenso wie die Körperstrafe als eine Verletzung der Menschenwürde gesehen. Im 2. Fakultativprotokoll zum Internationalen Pakt über bürgerliche und politische Rechte, das die Generalversammlung der Vereinten Nationen 1990 mit dem Ziel der weltweiten Abschaffung der Todesstrafe angenommen hat, wird der Überzeugung der internationalen Gemeinschaft Ausdruck verliehen,

des humanitären Völkerrechts wird der Begriff »outrages upon personal dignity«, der Menschen selbst im Krieg empört, mit den Beispielen Mord, Verstümmelung, grausamer Behandlung, der Gefangennahme von Geiseln und extralegalen Hinrichtungen veranschaulicht. Im Maputo-Protokoll zur Afrikanischen Charta der Rechte der Menschen und Völker aus dem Jahr 2003 wird ein eigenes Recht afrikanischer Frauen auf Menschenwürde statuiert, das gegen alle Formen der physischen, psychischen und sexuellen Gewalt gegen Frauen, ihre Ausbeutung und gegen traditionelle Praktiken wie die

---

dass die Abschaffung der Todesstrafe »zur Förderung der Menschenwürde und fortschreitenden Entwicklung der Menschenrechte beiträgt«. Im 13. Zusatzprotokoll zur EMRK aus dem Jahr 2002, mit dem die Todesstrafe in Europa (mit Ausnahme von Weißrussland) abgeschafft wurde, brachten die demokratischen Staaten Europas ihre Überzeugung zum Ausdruck, dass »die Abschaffung der Todesstrafe (...) für die volle Anerkennung der allen Menschen innewohnenden Würde von wesentlicher Bedeutung ist«. Auch in der EU Grundrechtecharta 2000 findet sich das Verbot der Todesstrafe an prominenter Stelle (Artikel 2) im Kapitel »Menschenwürde«. Die OAS hatte schon 1990 ein eigenes Protokoll zur Amerikanischen Menschenrechtskonvention mit dem Ziel der Abschaffung der Todesstrafe in der amerikanischen Hemisphäre verabschiedet, und die Generalversammlung der Vereinten Nationen fordert in regelmäßigen Abständen (zuletzt am 21. Dezember 2016) unter Hinweis auf die Menschenwürde die noch verbliebenen Staaten, in denen die Todesstrafe weiterhin praktiziert wird, auf, diese Praxis zu beenden und einen sofortigen Hinrichtungsstopp (Moratorium) zu verkünden. Viele nationale Gerichte, allen voran das südafrikanische Verfassungsgericht, haben die Todesstrafe unter dem Hinweis auf die Menschenwürde abgeschafft.

Genitalverstümmelung als besonders grausame Form der Folter gerichtet ist.

Der Begriff »unmenschliche Behandlung« deutet auch auf Entmenschlichung des Opfers hin, was gleichbedeutend mit dem Entzug der Menschenwürde ist. Da die Menschenwürde jene Eigenschaft ist, die den Menschen von anderen Lebewesen unterscheidet, führt der Entzug der Menschenwürde zur Entmenschlichung. Zu den Phänomenen der grausamen, unmenschlichen und erniedrigenden Behandlung oder Strafe gibt es eine reichhaltige Judikatur des Europäischen Gerichtshofs über Menschenrechte gemäß Artikel 3 EMRK, des UNO-Menschenrechtsausschusses gemäß Artikel 7 des Internationalen Pakts über bürgerliche und politische Rechte, des UNO-Ausschusses gegen die Folter und anderer Organe zur Überwachung der Menschenrechte. Im Zuge meiner Tätigkeit als UNO-Sonderberichterstatter über Folter und andere Formen grausamer, unmenschlicher oder erniedrigender Behandlung oder Strafe habe ich nicht nur Hunderte von Folteropfern in allen Regionen der Welt besucht, kennengelernt und interviewt, sondern auch Hunderte von Strafvollzugsanstalten, Einrichtungen der Polizei-, Schub-, Migrations- und Untersuchungshaft, psychiatrische Anstalten, Waisenheime und andere Einrichtungen inspiziert, in denen Kinder, Menschen mit Behinderungen, Suchtkranke und alte Menschen gegen ihren Willen festgehalten wurden. Diese Erfahrungen waren so fürchterlich, dass ich in meinem Abschlussbericht an die Vereinten Nationen 2010 von einer weltweiten Krise der Haft gesprochen und die Ausarbeitung einer eigenen Konvention über die

Rechte von Häftlingen gefordert habe.[41] Die Zustände in geschlossenen Anstalten in vielen Staaten dieser Welt sind viel schlimmer als sich die meisten Menschen vorstellen können. Sie sind überfüllt, schmutzig, und den inhaftierten Menschen, die in der Regel aus den ärmsten Bevölkerungsschichten kommen, fehlt es an den elementaren Dingen wie Nahrung, Wasser, Hygiene, ärztliche Versorgung, Arbeit und einem Minimum an Privatheit, die für ein menschenwürdiges Leben Voraussetzung sind. Dazu kommt ein hohes Maß an Willkür und Gewalt. In ihrer Gesamtheit können die Haftbedingungen in vielen Ländern der Welt nur als menschenunwürdig, also als Verletzung der Menschenwürde und als Verletzung von Artikel 10(1) des Internationalen Pakts über bürgerliche und politische Rechte bezeichnet werden, der ausdrücklich bestimmt, dass alle Menschen, denen ihre persönliche Freiheit entzogen ist, »mit Menschlichkeit und mit Achtung vor der dem Menschen innewohnenden Würde« behandelt werden müssen.

Jede Form der geheimen Haft, der Incommunicado-Haft und des erzwungenen Verschwindenlassens von Menschen, wie es vor allem in den lateinamerikanischen Diktaturen der 1970er Jahre systematisch praktiziert wurde, stellt einen besonders verabscheuungswürdigen Angriff auf die Menschenwürde verschwundener Personen, aber auch ihrer Angehörigen dar, die über viele Jahre, manchmal auch Jahrzehnte hinweg zwischen Verzweiflung und Hoffnung leben müssen und durch

41 Vgl. zu diesen Erfahrungen auch Manfred Nowak, Folter – Die Alltäglichkeit des Unfassbaren, Wien 2012.

die Ungewissheit, die mit dieser schweren und multiplen Menschenrechtsverletzung verbunden ist, selbst zu Opfern werden. In meiner Funktion als Mitglied der UNO-Arbeitsgruppe über erzwungenes Verschwindenlassen zwischen 1993 und 2001 und als unabhängiger UNO-Experte für Verschwundene im ehemaligen Jugoslawien zwischen 1994 und 1997 habe ich einen tiefen Einblick in die Leiden gewinnen können, die Menschen durch die Praxis des erzwungenen Verschwindenlassens zugefügt werden. Ich war auch als UNO-Experte an der Ausarbeitung der UNO-Konvention über das erzwungene Verschwindenlassen 2006 aktiv beteiligt, die in Artikel 24 auch die Familienangehörigen als Opfer dieses Verbrechens definiert und ihnen ein eigenes Recht auf die Wahrheit einräumt. Aufgrund meiner vielfältigen Erfahrungen stimme ich der Aussage in der Präambel zur Inter-Amerikanischen Konvention über das erzwungene Verschwinden von Personen voll zu, wonach diese Praxis einen besonders schwerwiegenden und abscheulichen Angriff auf die allen Menschen innewohnende Würde darstellt.

3.3.2. Wirtschaftliche Ausbeutung des Menschen

In der Kritik an dem bürgerlichen Konzept der Menschenrechte durch Karl Marx und andere sozialistische Philosophen wird das Menschenrecht auf Privateigentum an Produktionsmitteln als Ursprung der wirtschaftlichen Ausbeutung des Menschen durch den Menschen erkannt und angeprangert. Aus diesem Grund hat das

Recht auf Eigentum keinen Eingang in die Aufzählung der Menschenrechte in den beiden Menschenrechtspakten der Vereinten Nationen 1966 gefunden, obwohl dieses Recht in Artikel 17 der Universellen Erklärung und in regionalen Menschenrechtskonventionen anerkannt wurde. Wegen der Gefahr der ökonomischen Ausbeutung wird die Menschenwürde auch in verschiedenen Verfassungen als Grenze der Wirtschaftsfreiheit und des Eigentumsrechts genannt. Beispielsweise bestimmte Artikel 151 der Weimarer Verfassung 1919, dass die wirtschaftliche Freiheit des Einzelnen nur in den Grenzen der Gewährleistung eines menschenwürdigen Daseins für alle gesichert werden darf. Die Präambel der irischen Verfassung 1933 brachte die Würde und Freiheit des Individuums in einen engen Konnex zu einer gerechten sozialen Ordnung, und Artikel 41 der italienischen Verfassung 1947/48 bestimmte, dass sich die Wirtschaftsfreiheit nicht in einer Weise betätigen darf, die die Sicherheit, Freiheit und menschliche Würde beeinträchtigt. Dass extreme Formen der wirtschaftlichen Ausbeutung des Menschen wie die Sklaverei, Sklavenhandel, Menschenhandel, Leibeigenschaft, Schuldknechtschaft, Zwangsarbeit, Kinderprostitution, Rekrutierung von Kindersoldaten und sonstige schlimme Formen der Kinderarbeit die Menschenwürde verletzen, wurde bereits oben deutlich gemacht.

3.3.3. Wirtschaftliche und soziale Sicherheit als Ausdruck der Menschenwürde

Positiv gewendet bedeutet dies, dass die Rechte auf Arbeit und soziale Sicherheit eine wesentliche Garantie für ein menschenwürdiges Leben darstellen. In der Satzung der OAS findet sich die Menschenwürde ausschließlich im Zusammenhang mit einer gerechten Wirtschafts- und Sozialordnung. Das Recht auf Arbeit dient gemäß Artikel 45 dazu, allen arbeitenden Menschen Würde zu verleihen. In ähnlicher Weise garantiert Artikel 23(3) der Universellen Erklärung der Menschenrechte allen arbeitenden Menschen ein Recht auf gerechte und befriedigende Entlohnung, die ihnen und ihren Familien eine der menschlichen Würde entsprechende Existenz sichert. Generell bestimmt Artikel 22 der Universellen Erklärung, dass das umfassende Recht auf soziale Sicherheit für die Würde und freie Entwicklung der Persönlichkeit des Menschen unentbehrlich ist. In der Wiener Erklärung und dem Aktionsprogramm, das die internationale Gemeinschaft als Ergebnis der Wiener Weltkonferenz über Menschenrechte nach Ende des Kalten Krieges 1993 feierlich als Grundlage für die Menschenrechtsarbeit der Vereinten Nationen verkündete, spielt die Menschenwürde eine überragende Rolle, und extreme Armut wird in Artikel 25 ausdrücklich als eine Verletzung der Menschenwürde bezeichnet. Extreme Armut bedeutet, dass Menschen ohne jede soziale Sicherheit und in Bedingungen leben, in denen es ihnen an ausreichender Nahrung, Wasser, Hygiene, Kleidung, einer entsprechenden Unterkunft und sonstigen Mindestvoraussetzungen für ein menschenwürdiges Leben fehlt. Wer immer hungernde Kinder in Elendsvierteln gesehen hat, weiß ebenso wie jene, die Überlebende der Folter oder der Sklaverei gesehen haben, was Menschenwürde wirklich bedeutet.

3.3.4. Diskriminierung als Verletzung der Menschenwürde

Der internationale Schutz der Menschenrechte und seine Begründung im Konzept der Menschenwürde entwickelten sich ursprünglich in Reaktion auf den Holocaust als extremster Form der Diskriminierung von Menschen aufgrund ihrer Rasse und Religion. Es ist daher nicht verwunderlich, dass der Kampf gegen Rassendiskriminierung und andere Formen der Diskriminierung im Vordergrund der menschenrechtlichen Arbeit der Vereinten Nationen stand. Schon 1948 wurde die Konvention über die Verhütung und Bestrafung des Völkermords verabschiedet, und 1960 erklärte die Generalversammlung der Vereinten Nationen in der Deklaration über die Unabhängigkeit kolonialer Länder und Völker, dass im Interesse der Menschenwürde der Kolonialismus und alle Praktiken der Segregation und damit verbundener Diskriminierung beseitigt werden müssen. 1965 folgte die Rassendiskriminierungskonvention, 1973 die Anti-Apartheid-Konvention und 1979 die Konvention gegen alle Formen der Diskriminierung der Frau unter ausdrücklicher Berufung auf die Menschenwürde. Auch in den beiden Menschenrechtspakten kommt der Gleichheit der Geschlechter und dem Verbot der Diskriminierung aufgrund der Rasse, Hautfarbe, des Geschlechts, der Sprache, Religion und anderer Unterscheidungskriterien eine herausragende Bedeutung zu.

Verfassungshistorisch gesehen stand der Kampf gegen die Diskriminierung ebenfalls in enger Verbindung mit der Menschenwürde. In der kubanischen Verfassung wurde 1940 bestimmt, dass jede Diskriminierung, welche die Menschenwürde verletzt, rechtswidrig ist und bestraft werden soll. In der japanischen Verfassung 1946/47 findet sich ein Konnex zwischen der Gleichheit der Geschlechter und der individuellen Würde. Gemäß Artikel 3 der italienischen Verfassung 1947/48 haben alle Staatsbürger die »gleiche gesellschaftliche Würde« und sind gegen Diskriminierung geschützt.

Für bestimmte Bevölkerungsgruppen, die historisch besonders benachteiligt oder diskriminiert waren, wurden eigene völkerrechtliche Verträge geschaffen, wobei diesbezüglich vor allem die UNO-Konventionen über die Rechte des Kindes 1989 und über Menschen mit Behinderung 2006 als Paradigmenwechsel in der Entwicklung des internationalen Menschenrechtsschutzes gelten. In der Kinderrechtekonvention wird die Menschenwürde nicht nur an drei Stellen in der Präambel angesprochen, sondern auch im Zusammenhang mit den Rechten behinderter Kinder (Artikel 23), mit dem Entzug der persönlichen Freiheit (Artikel 37), mit der gesellschaftlichen Wiedereingliederung von Kindern, die Opfer von Ausbeutung, Missbrauch, Vernachlässigung, Folter oder bewaffneter Konflikte wurden (Artikel 39), und mit Kindern, die in Konflikt mit dem Gesetz kamen (Artikel 40). Ähnliche Verbindungen zwischen Kinderrechten und der

Menschenwürde von Kindern finden sich auch in der Afrikanischen Charta über die Rechte und das Wohl des Kindes aus dem Jahr 1990 (Präambel und Artikel 13, 17, 21). Artikel 21 verbietet vor allem schädliche soziale und kulturelle Praktiken, welche die Würde des Kindes verletzen. Wie oben bereits erwähnt, spielt die Menschenwürde auch eine besondere Rolle in der Konvention über die Rechte von Menschen mit Behinderung, wobei hier die Menschenwürde in einem engen Konnex mit der Inklusion, der individuellen Autonomie und Selbstbestimmung und der gesellschaftlichen Wiedereingliederung behinderter Menschen nach Erfahrungen von Gewalt, Ausbeutung und Missbrauch steht.

Geschlechtsspezifische Formen der Verletzung der Menschenwürde finden sich vor allem im sogenannten Maputo-Protokoll zur Afrikanischen Charta über die Rechte der Menschen und Völker aus dem Jahr 2003, worin spezifische Rechte von Frauen in Afrika garantiert wurden. In Artikel 3 wird ausdrücklich ein eigenes Recht afrikanischer Frauen auf Menschenwürde verankert. Dieses Recht steht in engem Konnex zu allen Formen der Gewalt, Ausbeutung sowie schädlichen traditionellen Praktiken (Artikel 3–5). Insbesondere werden sexuelle und andere Formen der physischen und psychischen Gewalt gegen Frauen, Frauenhandel, medizinische oder wissenschaftliche Experimente ohne ausdrückliche Zustimmung, alle Formen der Genitalverstümmelung und ähnliche traditionelle afrikanische Praktiken als Verletzung der Menschenwürde und der Menschenrechte afrikanischer Frauen qualifiziert. Die Gewalt gegen Frauen wird auch in der Inter-Amerikanischen Konvention über die Verhütung, Bestrafung und Beseitigung von Gewalt gegen Frauen 1994 (»Konvention von Belém do Para«) ausdrücklich als Angriff auf die Menschenwürde bezeichnet. Im Übereinkommen des Europarats zur Verhütung und Bekämpfung von Gewalt gegen Frauen und häuslicher Gewalt 2011 (»Istanbul-Konvention«) findet sich hingegen kein Hinweis auf die Menschenwürde.

In jüngerer Zeit wurde die Diskriminierung von Menschen aufgrund ihrer sexuellen Orientierung zunehmend als eine Verletzung der Menschenwürde begriffen. Auch das umstrittene Recht auf gleichgeschlechtliche Ehe wird trotz der Tatsache, dass das Recht auf Ehe in internationalen Menschenrechtsverträgen wie Artikel 12 EMRK, Artikel 17 AMRK oder Artikel 23 des Internationalen Pakts über bürgerliche und politische Rechte ausdrücklich als Recht heterosexueller Paare garantiert ist, unter dem Blickwinkel der Gleichheit, Privatheit und Menschenwürde diskutiert.[42] Beispielsweise haben der südafrikanische Verfassungsgerichtshof und der Oberste Gerichtshof der USA dieses Recht unter anderem auf die Menschenwürde gestützt.[43]

---

42 Vgl. z. B. Man Yee Karen Lee, Equality, Dignity, and Same-Sex Marriage – A Rights Disagreement in Democratic Societies, Leiden/Boston 2010.

43 Verfassungsgerichtshof von Südafrika, Minister of Home Affairs & Another v. Fourie & Another, Urteil vom 1. Dezember 2005, No CCT 60/04, 2006 (1) SA 524 (CC); Oberster Gerichtshof der USA, Obergfell et al. v. Hodges, Urteil vom 26. Juni 2015; 135 S.Ct 2584 (2015), 22; siehe dazu Manfred Nowak, »The Right to Same-Sex Marriage«, in Liber Amicorum für Paul Lemmens (im Druck).

3.3.5. Menschenwürde und Biomedizin

Im Europarat und in der Europäischen Union wird hingegen den Gefahren, die für die Menschenwürde durch die wissenschaftlichen Fortschritte der Biologie und der Medizin entstehen können, große Bedeutung beigemessen. 1997 wurde das Europarats-Übereinkommen zum Schutz der Menschenrechte und der Menschenwürde im Hinblick auf die Anwendung von Biologie und Medizin verabschiedet, um die Menschenwürde zu gewährleisten und menschliche Lebewesen in ihrer Individualität zu achten. Insbesondere wurden darin die Diskriminierung wegen des genetischen Erbes, die Veränderung des Genoms von Nachkommen, die Erzeugung menschlicher Embryonen zu Forschungszwecken und die Verwendung des menschlichen Körpers oder von Körperteilen zur Erzielung eines finanziellen Gewinns verboten. In Zusatzprotokollen wurden auch das reproduktive Klonen von Menschen verboten und konkrete Regeln für Gentests und Transplantationen von menschlichen Organen und Geweben entwickelt.

Für die Beantwortung der Frage, welche Menschenrechte einen besonders engen Bezug zur Menschenwürde aufweisen, ist auch die Grundrechtecharta der EU aus dem Jahr 2000 eine wichtige Quelle. Denn sie enthält nicht nur den Grundsatz der Unantastbarkeit der Menschenwürde in Artikel 1, sondern ein ganzes Kapitel über Menschenwürde. Darin findet sich neben dem Recht auf Leben und dem Verbot der Todesstrafe in Artikel 2, dem Folter- und Misshandlungsverbot in Artikel 4 und dem Verbot der Sklaverei und Zwangsarbeit in Artikel 5 auch ein eigenes Recht auf persönliche Integrität in Artikel 3, das der Biomedizinkonvention des Europarats ähnlich ist. Wie diese enthält diese Bestimmung den Grundsatz der informierten Zustimmung sowie die Verbote eugenischer Praktiken der Selektion von Menschen, der Verwendung des menschlichen Körpers zur Erzielung von Gewinn und des reproduktiven Klonens von Menschen. Während therapeutisches Klonen im Sinne der Rechte des Menschen auf Leben und Gesundheit erlaubt ist, verletzt das reproduktive Klonen die Einzigartigkeit menschlichen Lebens und folglich die Menschenwürde. Allerdings geht es dabei weniger um eine Verletzung der Menschenwürde des Klons (der Kopie) oder desjenigen Menschen, der seine Stammzellen zum Zweck des Klonens freiwillig zur Verfügung stellt, sondern um die Verletzung der Menschenwürde als eine Grundnorm der Gesellschaft und Rechtsgemeinschaft.[44]

4. Schlussfolgerungen

Aus dieser kurzen Zusammenschau der Entwicklung der Menschenrechte und des Konzepts der Menschenwürde ergibt sich, dass sich beide Ideen relativ unabhängig

44 Vgl. z. B. Horst Dreier, »Does Cloning Violate the Basic Law's Guarantee of Human Dignity?«, in Silja Vöneky/Rüdiger Wolfrum (eds.), Human Dignity and Human Cloning, Leiden/Boston 2004, 77 at 80 ff. Zur Frage der Bioethik und Menschenwürde siehe auch grundlegend Deryck Beyleveld/Roger Brownsword, Human Dignity in Bioethics and Biolaw, Oxford/New York 2001.

voneinander über Jahrhunderte entwickelt haben. Die den Menschenrechten zugrundeliegenden Werte finden sich in allen Weltreligionen, doch die Idee des »Empowerment« des Menschen durch angeborene subjektive Rechte ist ein Produkt der rationalistischen Naturrechtslehre der europäischen Aufklärung. Die Würde in der Bedeutung eines Achtung gebietenden Status von »Würdenträgern« geht ebenfalls bis in die Antike zurück, doch die Idee der allen Menschen aufgrund ihres Menschseins und ihrer Vernunft innewohnenden Menschenwürde datiert ebenfalls aus der Zeit der Aufklärung. Dessen ungeachtet findet sich die Menschenwürde nicht in den historischen Verfassungstexten, in denen die Grund- und Menschenrechte zur Zeit des Konstitutionalismus erstmals rechtlich kodifiziert wurden. Erst die schweren und systematischen Verletzungen der Menschenrechte und der Menschenwürde zur Zeit der beiden Weltkriege, der Weltwirtschaftskrise, des Faschismus und des Holocaust haben beide Konzepte einander näher gebracht. In der Universellen Erklärung der Menschenrechte 1948 und den darauf aufbauenden internationalen und regionalen Menschenrechtsverträgen der Nachkriegszeit findet sich die Menschenwürde als universelle Begründung der Menschenrechte. Im Bonner Grundgesetz der Bundesrepublik Deutschland 1949 wird die Menschenwürde in Reaktion auf die Barbarei des Nationalsozialismus als unantastbare und unabänderliche Grundnorm und zugleich als eigenes Menschenrecht statuiert, das mit der Europäischen Grundrechtecharta 2000 und dem Lissabonner Vertrag auch Eingang in das Primärrecht der Europäischen Union gefunden hat. Auch in der Afrikanischen Charta der Rechte der Menschen und Völker 1981 findet sich ein eigenes Recht auf Menschenwürde, und in dem Zusatzprotokoll zu den Rechten der Frauen in Afrika aus dem Jahr 2003 ein eigenes Recht afrikanischer Frauen auf Menschenwürde.

Trotz ihrer überragenden Bedeutung in menschenrechtlichen Dokumenten der Nachkriegszeit wird die Menschenwürde nicht genauer definiert. Auch wenn sie als philosophische und politische Begründung für alle im Völkerrecht kodifizierten Menschenrechte dienen mag, so kann aber kein Zweifel darin bestehen, dass nicht jede Verletzung eines Menschenrechts auch als Verletzung der Menschenwürde zu qualifizieren wäre. Es stellt sich daher die Frage, welche Menschenrechte so untrennbar mit dem Konzept der Menschenwürde verbunden sind, dass ihre Verletzung notwendigerweise auch als Verletzung der Menschenwürde angesehen werden muss. Auf der Grundlage einer Analyse der wichtigsten Menschenrechtstexte in nationalen Verfassungen und völkerrechtlichen Instrumenten versucht der vorliegende Beitrag eine Antwort auf diese Frage zu geben. Bei dieser Textanalyse wurden unterschiedliche Kategorien von Menschenrechten identifiziert, deren Verletzung auch eine Verletzung der Menschenwürde mit sich bringt.

An erster Stelle stehen jene Menschenrechte, die den Menschen gegen Ausbeutung, Erniedrigung und Entmenschlichung schützen. Dazu gehören das Verbot der Sklaverei, des Sklavenhandels, der Leibeigenschaft und Schuldknechtschaft, der Zwangsarbeit, der schlimmsten Formen der Kinderarbeit wie Kinderprostitution, Kinderpornografie und Rekrutierung als Kindersoldaten sowie andere Beispiele Sklaverei-ähnlicher Praktiken wie Menschen- und Kinderhandel. Auch das Verbot der Folter und anderer Formen grausamer, unmenschlicher und erniedrigender Behandlung oder Strafe wie die Körper- und Todesstrafe, Vergewaltigung und vergleichbare Formen der sexuellen, physischen und psychischen Gewalt (vor allem gegen Frauen und Kinder), traditionelle Praktiken wie die Genitalverstümmelung oder die Zwangsheirat sowie unmenschliche Haftbedingungen und das erzwungene Verschwindenlassen von Menschen fallen in diese Kategorie der Verletzung der Menschenwürde.

Eng damit verbunden sind andere Formen der wirtschaftlichen Ausbeutung von Menschen, denen das Recht auf Arbeit, gerechte Arbeitsbedingungen, soziale Sicherheit und auf einen angemessenen Lebensstandard als positive Verwirklichung des Konzepts der Menschenwürde gegenübergestellt werden. Durch eine gerechte Wirtschafts- und Sozialordnung soll verhindert werden, dass Menschen in absolute Armut abdriften, die ebenfalls als eine Verletzung der Menschenwürde begriffen wird.

Eine weitere Kategorie der Verletzung der Menschenwürde ist die Diskriminierung in all ihren unterschiedlichen Ausprägungen. Im Vordergrund steht die Rassendiskriminierung einschließlich von Kolonialismus, Segregation und Apartheid, die bis zum Völkermord als der schwersten Menschenrechtsverletzung führen kann. Auch andere Formen der Diskriminierung, wie aufgrund der Hautfarbe, der Religion, des Geschlechts und der sexuellen Orientierung, stellen eine Verletzung der Menschenwürde dar. Zu den geschlechtsspezifischen Formen der Diskriminierung gehören auch alle Formen der sexuellen, physischen und psychischen Gewalt gegen Frauen einschließlich der Genitalverstümmelung und vergleichbarer traditioneller Praktiken. In jüngerer Zeit wird vor allem die sexuelle Orientierung als ein Grund für Diskriminierung gesehen, die eng mit der Menschenwürde der davon betroffenen Personen zusammenhängt.

Vor allem in Europa werden auch gewisse wissenschaftliche Fortschritte im Bereich der Biomedizin als Bedrohung der Menschenwürde wahrgenommen. Dazu zählen zum Beispiel das reproduktive Klonen von Menschen, die Veränderung des Genoms von Nachkommen, die Verwendung des Körpers oder von Teilen desselben zur Erzielung finanziellen Gewinns, der Organhandel sowie eugenische Praktiken zur Selektion von Menschen.

All diesen Praktiken ist gemeinsam, dass die Einzigartigkeit des menschlichen Lebens in Frage gestellt wird oder dass der Mensch als bloßes Objekt im Interesse der Wirtschaft, einer Ideologie, des Staates oder anderer Menschen behandelt, entwürdigt, diskriminiert, entmenschlicht und der Gewalt anderer ausgesetzt wird. Das beherrschende Thema all dieser Beispiele der Verletzung der Menschenwürde ist die Ohnmacht, die absolute Machtlosigkeit der Opfer.[45] Wie sich die Opfer der Folter, Sklaverei und vergleichbarer Formen der ökonomischen Ausbeutung gegen ihre Peiniger nicht wehren können, so geht es jenen, die wehrlos einer Politik der systematischen Diskriminierung, ethnischer Säuberun-

45 Siehe in diesem Zusammenhang Manfred Nowak, »Report of the Panel on Human Dignity«, 15.

gen, des Völkermords und genetischer Manipulation ausgesetzt sind oder in absoluter Armut leben. Aus diesem Grund ist das in den Menschenrechten zum Ausdruck kommende Element des »Empowerment« die einzige vernünftige Strategie, um Menschen dazu zu befähigen, sich aus absoluter Armut, Unterdrückung, Ausbeutung, Diskriminierung und Abhängigkeit zu befreien und ein selbstbestimmtes Leben zu führen, das ihrer Natur als autonome, mit Vernunft, freiem Willen und Menschenwürde ausgestattete Lebewesen entspricht.

Der Autor

Manfred Nowak ist Professor für Menschenrechte an der Universität Wien, wissenschaftlicher Leiter des Ludwig Boltzmann Instituts für Menschenrechte und Generalsekretär des Global Campus of Human Rights in Venedig. Er ist Autor von vielen Büchern und wissenschaftlichen Artikeln im Verfassungs- und Völkerrecht und war Professor an den Universitäten Utrecht, Lund, Genf und Stanford. Als international renommierter Menschenrechtsexperte war er Richter an einem Gerichtshof für Menschenrechte in Sarajevo, UNO-Experte für Verschwundene und UNO-Sonderberichterstatter über Folter. Derzeit leitet er die globale UNO-Studie über Kinder in Haft.